「和食」って何？

阿古真理 Ako Mari

★——ちくまプリマー新書
234

目次＊Contents

プロローグ　カレーやラーメンは和食ですか？

皆さんは食べることが好きですか？　料理には興味がありますか？　ふだん食べたりつくる料理は、誰に、あるいはどこで教わりましたか？

どんな料理も、誰かが素材をどう使おうかと考えたり、未知の料理に興味を持ったり、別の料理にヒントをもらったりしたことで生まれました。新しい食材や、新しい調味料、調理道具ができたり、外国から入ってきた料理をアレンジして生まれた料理もたくさんあります。何世代も受け継がれてきたものもあります。食べるものは、歴史を秘めているのです。

この本では、私たちが暮らす国の文化である和食を中心に、食の歴史を考えてみたいと思います。

二〇一三（平成二十五）年十二月、「和食：日本人の伝統的な食文化」がユネスコの無形文化遺産に登録されました。登録を受けて農林水産省が出したパンフレット「和食」

を要約すると、次のような特徴が挙げられます。
・地域性豊かな自然の恵みから、旬の食材を使う
・切る、煮る、焼く、蒸す、茹《ゆ》でる、和《あ》える、揚げる。多様な調理法がある
・カロリーが低く栄養バランスがよい
・もてなしの心
和食とは文化の形であって、刺身やご飯といった具体的な料理を指すのではないのかもしれません。でもパンフレットは、具体例としてご飯を中心にした一汁三菜の食事、出汁《だし》などを挙げていきます。また、メディアも一汁三菜の献立、料亭の高級料理などを紹介します。

　実はこの登録は、食育活動を行う京都の料理人たちが、今の子どもたちは「濃い味に慣れて、和食本来のおいしさがわからなくなっているんじゃないか」と危機感を持ったことから始まっています。

　和食は危機に陥っているのでしょうか。そう思わせる根拠は、ここ数十年で急激に変わった食卓にあります。たとえば、二〇一〇（平成二十二）年のコメの消費量は、農林

米の消費量の推移（1人1年当たり供給量）

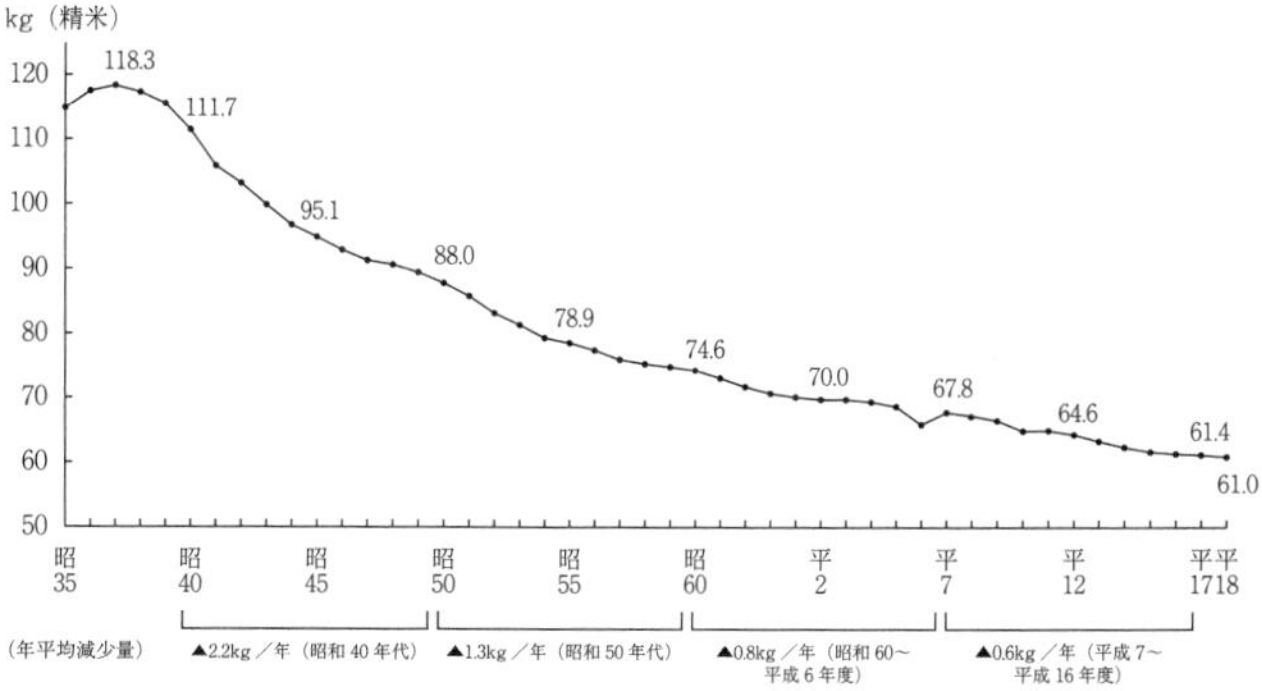

資料：農林水産省「食料需給表」
注：年間の国内の食料消費用として仕向けられた数量を総人口で除した値であり、飼料用、種子用、加工用（酒類、みそ等）の米は含まない。なお、加工米飯、もち、米菓、米穀粉は含んでいる

水産省の「食料需給表」によるとピーク時の約半分です。総務省統計局の家計調査で調べると、味噌《みそ》や醤油《しょうゆ》の消費量もへり続けています。白菜はピーク時の三分の一以下、だいこんやさといもは半減と、煮ものや漬けものの定番野菜が使われなくなっています。

逆にふえたのは、肉類、乳製品、レタスといった洋食の材料です。二〇一一（平成二十三）年には、一世帯あたりのコメの購入金額がパンに抜かれ、ニュースにもなりました。

確かにご飯に味噌汁、漬けもの、煮ものといった発酵《はっこう》食品、出汁を使う淡白な料理は、あまり食卓にのらなくなっているようです。それに替わったのが、ハンバーグやパスタ、サラダなどのいわゆる洋食。最近の流行《はや》りも油脂を使った濃い味の料理です。

若い人たちの間で人気のホルモン焼き。濃厚な味わいの内臓料理です。鹿やイノシシといった野生動物を使うジビエ料理に注目が集まるなど、肉の人気は高まっています。世紀の変わり目に、何にでもマヨネーズをかけるマヨラーという流行もありました。ファストフードとして人気の鶏《とり》のから揚げ。お菓子でも乳製品をたっぷり使ったとろとろのプリン、アイスクリーム、ヨーグルトが人気です。

でも、昔の日本人は動物性の食品が苦手でした。明治の初め、ビスケットなどの洋菓子は「バタ臭い」と敬遠されました。一九二五（大正十四）年に売り出されたマヨネーズも、浸透に時間がかかっています。内臓を使うことも一般的ではなく、のちに料理研究家となった大正生まれの入江麻木《まき》は、ロシア人貴族と結婚した当初、内臓料理を食べるのに勇気が必要だったと自身の著書で書いています。

時代が変わると好みは変わるのです。そもそも和食という言葉自体、生まれたのは明治期です。肉を煮込み油脂や乳製品を使う西洋料理と出合って、自分たちの食事を「和食」だと認識したのです。和服という名前も、着物が洋服と違うからつけた。日本という国を意識したのも、西洋の国とつき合うようになったからです。

そして、蒸気で動く黒船などの機械文明を持ち、筋骨隆々《きんこつりゅうりゅう》とした西洋人の国々に追いつこうとして、肉食を解禁し、国家の正式なもてなしの料理様式をフランス料理としたのです。ここから油脂を使った濃い味への一歩が始まりました。

ところで、食文化が変わったのは、日本だけではありません。

フランス料理で、コース料理を一皿ずつサービスする形式が取り入れられたのは十九世紀です。この形式はロシアから伝わりました。

イタリアでパスタが庶民の日常食になったのは、十九世紀末から二十世紀にかけてでした。そのパスタですが、もとは中国で生まれた麺《めん》がシルクロードを経由して伝わったと言われています。日本の麺類も中国から伝わり、現在の国民食とも言えるラーメンは、明治時代に横浜の中華街で売られていたものが原型になっています。

ラーメンは油脂をたくさん使い、カロリーが高い一品料理です。しかし、海外に進出したチェーン店もあり、外国人からは日本食と思われています。

ラーメンは、農林水産省が出している「和食」とは少しずれています。カレーも、伝統食ではないけれど国民的に人気です。この二つは和食ではないのでしょうか。

実は、カレーは世界中で愛されている料理です。イギリスでは昔インドを植民地にしていたことが広まったきっかけですが、他のヨーロッパ諸国でも人気が高く、インド系の人々が渡ったオーストラリア、ジャマイカなどにもカレーがあります。ただし、使うスパイスや食材、料理の仕方は国によって違います。ドイツでは、カレー味のソーセージが人気。野菜を大きく切って煮込み、とろみをつける日本のカレーも独特の進化を遂げた料理です。

世界を見渡してみると、どこの国でも料理は異文化と接触した結果、発展してきたことがわかります。和食も同じ。和食が実際にどのような状況にあるのかを理解するため、この本ではまず歴史を学びます。それから、現状で抱えている問題点や、秘めている可能性について探っていきましょう。

第一章　「和食」の誕生

1　すしはファストフードだった——江戸時代まで

一汁三菜の成立

テレビや映画の時代劇で、宴会シーンを見たことはありますか。広い座敷にずらりと人々が座り、脚つきの台の上に料理が置かれ、一人ひとりの前に並んでいる光景です。一人用の卓はかなり古くから用いられ、数十年前まで、農村では正座して銘々膳《めいめいぜん》という一人用の小さなテーブルで食事をしていました。ちゃぶ台は、明治以降に普及した新しい食卓です。

平安時代の人々は、座敷で大饗《たいきょう》料理という様式の宴会をしました。切り方を工夫した生もの、干物や蒸しもの、茹《ゆ》でものといった料理が並び、手元には箸《はし》と匙《さじ》と小皿が置いてあります。小皿には、塩、酢、酒、醬《ひしお》（発酵調味料。のちに味噌《みそ》などに発展する）が入っていて、めいめいが好みの味をつけて食べます。切る技が料理人の腕の見せどころでした。

平安末期、当時中国を支配していた宋《そう》に留学し禅宗を学んだ僧が帰国し、精進料理を伝えました。殺生を禁じる教えから、肉を使いません。肉はうま味のもととなるアミノ酸（タンパク質）が多く、栄養価も高いものですから、僧たちは、いかに肉なしでもおいしく、また栄養価の高いものにするか工夫を凝らしました。精進料理は、味をつけて出す料理です。うま味成分のあるしいたけや昆布の出汁《だし》が盛んに使われました。タンパク質は豆腐で補いました。豆腐は加工しやすく、味つけも自由にできるので、重宝されたのです。

禅宗を伝えた僧として有名なのは、鎌倉幕府成立前後に相次いで帰国した栄西《えいさい》、道元《どうげん》、覚心《かくしん》です。栄西は緑茶と喫茶法を持ち帰りました。茶は寺を中心に栽培され、喫茶の風習が禅僧、武士、貴族、やがて庶民へと広がっていきます。

道元は栄西に師事して料理を研究し、食の重要性を強調しました。精神と肉体の修行

平安時代の大饗料理のようす（『年中行事絵巻』より）

が重視される禅宗では、料理も修行の一環でした。覚心は、径山寺《きんざんじ》味噌を持ち帰ります。これは、味噌や醤油《しょうゆ》が発展するもととなりました。

精進料理が飛躍的な発展を遂げたのは、室町時代。現代の生活の原点となった時代です。一日三回の食事、茶道などの食文化のほか、能や狂言など現在も残る芸能が成立しました。農業技術が進歩し、商品作物の栽培が広まるなど、豊かになってきました。

室町時代に誕生したのが本膳料理です。味をつけた焼きもの、和《あ》えもの、汁ものなど盛りだくさんの膳を多いときは二十一回も出す盛大なもので、能の上演もありました。大名が将軍をもてなすときは、一年、二年かけて計画します。

料理を出す回数は献《こん》と呼び、二十一回は二十一献と呼びました。献立という言葉は、献の内容を考えることから始まったのです。

茶の湯も発達しました。茶会はまず、後半に酒を出す宴会として発達します。古来、人は酒を造り酔うのを楽しみにしてきました。『古事記』でも、天岩戸《あまのいわと》にこもったアマテラスオオミカミに出てきてもらうため、人々は宴会を催《もよお》し騒ぎます。酒の神様もいて、京都の松尾大社などに祀《まつ》られています。

宴会があまりにも享楽的になっていったので、その反動として精神性を重視し、質素な茶会を催そうとする人たちが現れました。奈良の僧侶だった珠光《しゅこう》が、華美な装飾を極力排した四畳半の茶室を考案します。内面的な充実を求め、侘《わ》び茶という新しい理念を追求します。その門人の一人が千利休《せんのりきゅう》です。

利休は茶会から酒宴を切り捨て、享楽性を排します。高い精神性を追求する中で産み出したのが、品数を最小限に抑えた一汁三菜の懐石《かいせき》料理だったのです。懐石という言葉は、「温石《おんじゃく》を懐《ふところ》に抱いて空腹をしのぐ」という修行上の言葉から出てきたもので、空腹をしのぐ程度のささやかな食事を召し上がっていただく、という意味が込められています。

懐石料理の特徴

懐石料理には、和食の原型といえる要素がそろっています。まず、出汁を使う料理であること。料理に味をつけておく精進料理のやり方が引き継がれています。精進料理といえば、導入の際に革命的な調理道具が登場し、発展を助けました。すり鉢《ばち》とすりこ木です。

それまで食べものをすり潰《つぶ》す道具は臼《うす》しかありませんでした。すり鉢なら、豆腐や味噌、ごまや木の実も、すり潰しながら和えていくことができます。ごま豆腐や白和えなどの和えものは、すり鉢・すりこ木なしには生まれませんでした。料理につけて食べていた味噌が、味噌汁や味噌和えという料理に発展します。

精進料理は肉食を排していますから、植物性の材料からたんぱく源をとる工夫が凝らされました。すり鉢・すりこ木があったからこそ、さまざまな具材が入ったがんもどきや、味噌汁のように栄養豊かな料理が生まれ、現在まで受け継がれたのです。

味噌は室町時代に大豆の生産量がふえたことで、庶民の食べものになっていきました。二毛作でコメの裏作として大豆を育てるようになったからです。味噌屋も現れました。

画期的だったのは、温かいものを温かいまま出すもてなし方です。現在の結婚披露宴などでもそうですが、大勢の人に一度に料理を出すには、あらかじめ料理を仕込んでおかなければなりません。ガスも電気もなかった昔は準備がもっと大変でした。ですから、宴会料理は冷めているのが当たり前だったのです。

利休が完成させた懐石料理は、小さな茶室に小人数が集い、その場限りの出会いを楽しんでもらうものでした。最高のもてなしをするために、主人は食事が進行するタイミングを見計らい、料理を運ばせる。温かいものを温かいままおいしく食べてもらおうというもてなし方が、ここで生まれたのです。

茶会で重視されたのは、一期《いちご》一会《いちえ》という考え方です。たとえ同じ人が集っても、時期が違えば違う話が生まれる。その一期一会を最高に演出する。それは親密に話ができる狭い空間だから成り立つ考え方といえるでしょう。この考え方は料理にも応用されました。茶会を行う季節を感じさせる食材と器を選ぶ。花や掛け軸を飾る。旬を味わうという価値観が出てきたのです。

ご飯はどのように食べられていたか

ところで、ここまで和食の中心にあるはずのコメを炊いたご飯の話が出てきていません。宴会は酒を飲むための場です。今でも飲み会では、ご飯を食べずに終わることがあります。日本料理店では、ご飯は最後に出てきます。おなかがいっぱいであれば、遠慮する人もいるかもしれません。ご飯が出てくるのは日常食と言えるかもしれません。そこで今度は庶民の暮らしをみてみましょう。

稲作が日本に入ってきたのは、縄文時代の終わりぐらいと言われています。稲作を中心に村ができて発達し、やがて戦いを経てクニが統一されていきます。稲は保存ができます。栄養のバランスが優れています。中央政府が税の中心にコメを置いたのも、無理からぬことでしょう。そして、税の中心にされたがゆえに、コメは庶民にとってなかなか食べられない憧れの食べものとなりました。

農業技術は時代を追うにつれて進歩し、コメの生産量はふえますが、大半は税として納めなければなりませんでしたし、飢饉《ききん》もたびたび起こりました。誰もが毎日コメだけのご飯を食べられるようになったのは、一九五五（昭和三十）年ごろです。それまでの長い間、生産者である農民にとって、コメのご飯はハレの日にしか食べられない特別な料理でした。

江戸時代、都会に行けばコメの飯が食べられる、と江戸を目指す人が大勢いました。しかし、江戸わずらいといって脚気《かっけ》になる人も多くいました。脚気はビタミンB_1不足が原因で起こるものですが、近代になるまでビタミンB_1の存在は知られていませんでした。江戸時代の人々は、食事のほとんどを主食でまかなっていたので、糠《ぬか》に含まれるビタミンB_1が取り除かれた白米食でかかる脚気の問題は深刻でした。

江戸わずらいと呼ばれた理由は、江戸へ行って脚気をわずらった人が、地元に戻ると治ったからです。農村の人々はコメだけのご飯を食べていなかったからです。

今、地方へ行けば蕎麦《そば》の名産地、うどんなどの小麦粉を使った麺類が名物の地域がたくさんあります。平野部ではコメの裏作として小麦を育て、臼でひいてつくった粉で麺類にして、主食にした農民がたくさんいました。蕎麦は山間部のやせた土地でよく育ち、人々は蕎麦がきといって蕎麦粉に熱湯などを加えよく練ったものを食べていました。

コメを炊くときは、麦、アワやヒエ、キビなどの雑穀を混ぜ込みました。炊き込みご飯の種類もたくさんありました。今でも栗《くり》ご飯や豆ご飯、たけのこご飯などは幅広く愛されていますが、昔は季節の楽しみというより、少ないコメでおなか一杯にする増量材として他の食材が加えられたのです。おかずの割合が少ないのは、農村も同じでした。しかし、さまざまな食材を用いたので、江戸より栄養のバランスはよかったのです。

昔の暮らしを伝える本があります。全国各地で昭和初期の暮らしについて聞き書きした『日本の食生活全集』（農文協）というシリーズです。高度成長期が始まるころまで、農村には江戸時代とあまり変わらない暮らしがありました。東日本と西日本の文化が交錯する静岡県で取材した『聞き書　静岡の食事』から、いくつかご飯料理を拾ってみましょう。

伊豆《いず》半島の海岸部では、麦を混ぜた麦飯が日常食で、たけのこご飯、ひじき飯、アワの炊きおこわなどを食べました。中山間部では田畑が狭いため、麦飯のほか、さといも飯、だいこん飯、たけのこご飯、えんどう飯（豆ご飯）などのほか、、クロスズメバチの炊き込み飯も食べていたようです。

味噌と醤油

味噌は先ほど紹介したように、室町時代から次第に生活に浸透します。農村では家で造り、二年三年と持たせるやりくり上手を誇りにしました。醤油は、味噌を保存している間にできる上澄み液を使っていたものが進化したと言われています。

味噌も醤油も、ニホンコウジカビ（麹《こうじ》）という細菌が媒介した発酵食品です。雨が多く湿度が高い日本には、たくさんの発酵食品があります。酒のほか、味噌、醤油、みりん、酢などの主な調味料は皆発酵食品です。和食の味は発酵食品によってつくられていると言えるかもしれません。すしも昔は発酵させました。漬けものもあります。

発酵した酒を濾《こ》す清酒ができたのは、室町時代です。そのころから日本酒を専門に造る蔵元《くらもと》が誕生します。税であるコメを集める庄屋など、地域の有力者が酒造りに携わるようになりました。酒造りが専門化していくと、やがて冬に造る寒仕込みが行われ、冬場雪に閉じ込められる地域から酒造りの専門集団が出稼ぎに行くようになります。杜氏《とうじ》と呼ばれる匠《たくみ》がその中心になりました。

江戸時代には、京都・伏見や兵庫の灘《なだ》が、多数の蔵が集まる酒どころでした。酒造りの技術は関西が発達していたため、江戸でも、関西から運ばれるくだり酒が珍重されます。「くだらない」という言葉はもともと、評判がよくなかった関東の酒に向けた言葉でした。

同じように関西のものが珍重されたのが、醬油です。醬油の発祥は、覚心が持ち帰った径山寺味噌からと言われています。径山寺（金山寺）味噌は、コメや麦、大豆の麴とナスやウリなどの野菜類を一緒に漬け込んで造ります。ある年、上澄みが多いものができてしまい、なめてみたらおいしかったのが醬油の始まりという伝説です。事の真偽は定かではありませんが、天文年間（一五三二〜五五年）には和歌山・湯浅《ゆあさ》で商品として醬油が造られていたといいます。

醬油は小麦と大豆、塩を原料に麴で発酵させて造ります。また、小麦の生産が盛んだった兵庫の龍野《たつの》や塩の製造が盛んだった香川の小豆島《しょうどしま》でも、天正年間（一五七三〜九二年）には造られています。淡口《うすくち》醬油で色が薄いため、素材を美しく見せ、また素材の味を引き出すため、良質で緻密な土壌で育った京都や大阪の野菜とよく合います。日本料理を代表する京料理の上品さには、この醬油が果たす役割も大きいのです。

土地が違えば求める味も違います。関東でもやがて地場の作物と気候に合った醬油が生まれました。一六一六（元和《げんな》二）年に田中玄蕃《げんば》が千葉の銚子《ちょうし》で始めたのがヒゲタ醬油、紀州生まれの濱口儀兵衛《はまぐちぎへえ》が銚子に渡り、興したのがヤマサ醬油です。一六四五（正保《しょうほ》二）年でした。やがて千葉内陸部の野田でも醬油造りが盛んに行われるようになります。野田は利根《とね》川や江戸川に接し、物資の輸送に便利だったからです。ちなみに関西産の醬油や酒も舟で運ばれました。

関東の醬油は、小麦を煎って造るため色が濃くうま味が強い濃口醬油でした。この醬油は、やがて江戸時代後半、みりんを加えてウナギのかば焼きや草加せんべいのタレになり、関東の庶民が愛好する味になっていくのです。

みりんは甘みのある高級な日本酒として造られていましたが、室町時代の終わりごろから江戸時代初期にかけて調味料となりました。もち米に米麴を加えて発酵させ、焼酎《しょうちゅう》を混ぜ合わせて製造します。主に千葉・流山《ながれやま》で造られ、やはり水運で江戸へ運ばれま

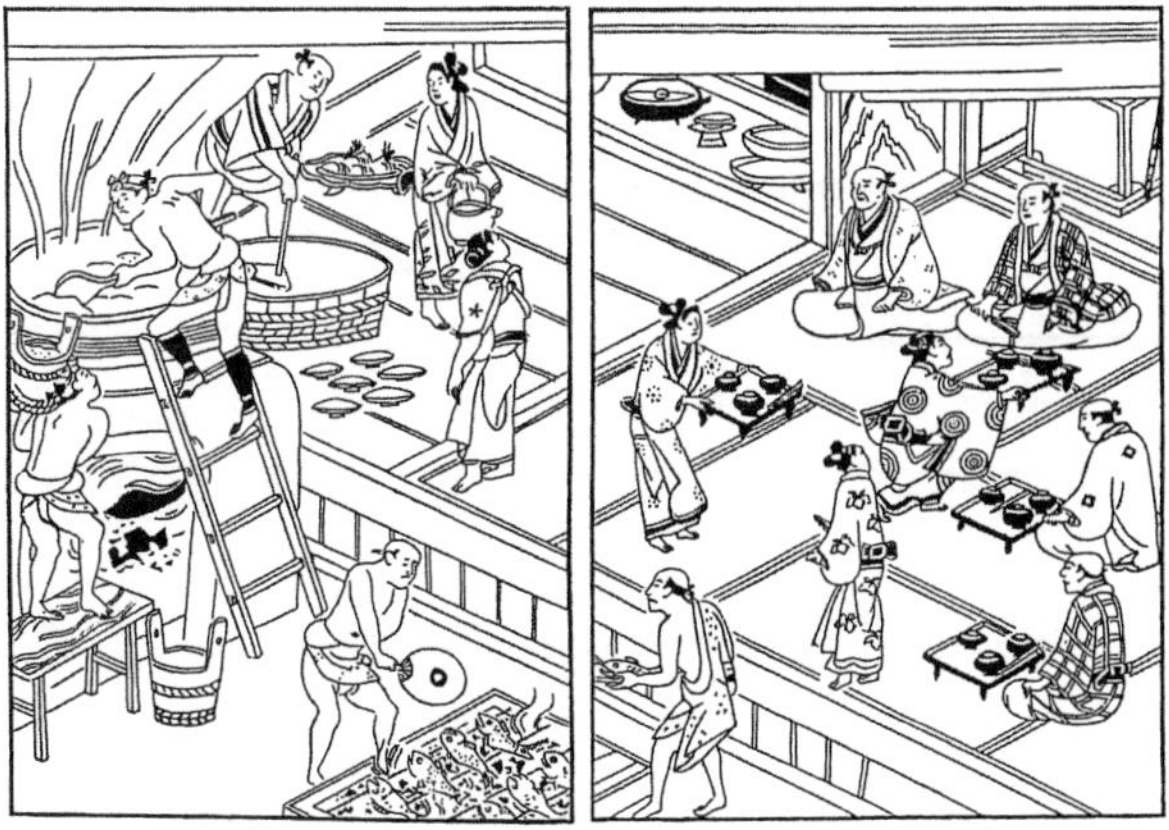

宿屋の食事も伊勢詣りの楽しみだった（井原西鶴『西鶴織留』より）

した。

江戸の料理文化

室町時代は和食の原型ができた時期です。温かいものを温かくして出す一汁三菜の懐石料理。一日三度の食事。出汁。味噌、醤油、みりん。いわば役者がそろった時代。その役者たちが活躍を始めるのが江戸時代です。政治の中心地の江戸には、成功を狙って職人や商人がたくさん集まりました。百万都市になる江戸で、料理文化も花開くのです。

まず、料理屋が出現しました。料理屋はお金さえ出せば誰でも行くことができます。元《げん》禄《ろく》年間（一六八八〜一七〇四年）ごろまでは、文化の中心は関西にあり大坂でもいち早く料理屋ができていたようですが、江戸では、消費経済が推進された宝暦（一七五一～六四年）・天明（一七八一～八九年）年間と文化（一八〇四～一八年）・文政（一八一八～三〇年）年間に本格的な料理屋が次々とできます。料理屋番付やグルメガイドが発行されるほどたくさんあったのです。商品経済を発展させた田沼意次《おきつぐ》が活躍したのは宝暦・天明年間です。

プロの技が駆使された料理を食べる。それは新しい味や料理法を知ることでもありました。また、具体的なつくり方も知ることができました。出版文化が生まれたからです。室町時代までは、料理を専門に行う武家一族の秘伝として料理法を伝えていました。江戸時代には本に書かれた料理技術を買うことができるようになり、やがて料理書は書き写されて地方へも伝わっていきました。

江戸時代の料理書として有名なのは、一七八二（天明二）年に出版された『豆腐百珍』です。その名の通り百通りもの豆腐料理が紹介されています。こうして、上流階級のものだった料理が次第にアレンジされ、庶民にまで広まっていったのです。

にぎりずしの誕生

庶民文化が発達した江戸時代には、今や誰でも知っている料理が生まれました。にぎりずし、てんぷら、蕎麦です。これらは皆江戸のファストフードでした。江戸には、たくさんの庶民が住んでいました。参勤交代に伴ってやってきた職人などもいましたし、一旗揚げようとやってきた職人や商人たちもいました。ほとんどが単身の男性でした。

また、冬から春にかけて強い風が吹く江戸は、しばしば大きな火事に見舞われる町でした。「八百屋お七」などの物語も、大火がひんぱんに起こる江戸だからこそ成立したのです。火元をへらすため、庶民が住む長屋では本格的な台所を設置できませんでした。そのため、商品をかついで売り歩く振り売りや屋台が非常に発達したのです。忙しい仕事の合間に食事をとる男たちが、すぐに食べられるものを求め、ファストフードが発達していきました。

てんぷらは、室町末期の南蛮《なんばん》貿易によってもたらされました。ポルトガルには魚などに小麦粉の粉をつけ油で揚げたフリッターという料理があります。その料理がもとになったのではないかと言われています。江戸では魚介類や野菜に衣をつけて揚げるてんぷらが屋台で出されました。家で揚げることは禁止されていたからです。

蕎麦はもともと山間部で食べられていたものですが、細く切ってつゆで食べる蕎麦切りは、江戸で発展しました。武蔵野《むさしの》台地では蕎麦や小麦の生産が盛んで、江戸近郊には製粉小屋が発達し、蕎麦粉を大量に供給できる体制が整っていたからです。つゆに使うかつお節の原料、かつおは千葉沖で豊富に獲れましたし、醬油も野田や銚子から運ばれます。

醬油が発展させた料理が、にぎりずしです。魚をコメと合わせ発酵させたなれずしは古くからありました。滋賀名物のふなずし、金沢のかぶらずし、秋田のハタハタずしなどは、昔ながらのすしです。大坂では貞享《じょうきょう》（一六八四〜八八）年間に、四角いすし桶《おけ》に酢を混ぜたご飯を詰め、魚などの具をのせてふたをし、石で押さえる押しずしが生まれました。押しずしは大流行して、江戸にもその流行が伝わりました。

やがて江戸では文政（一八一八〜三〇）年間に、与兵衛という人が、酢を合わせたすし飯に魚などの具をのせるにぎりずしを発明します。一八〇四（文化元）年、愛知・半田で中野又左衛門《またざえもん》が酒粕《さけかす》を使った粕酢を発明し、江戸に売り込みました。ご飯と相性が

すしの屋台店（喜多川歌麿画『絵本江戸爵（すずめ）』より）

よく、粕酢を混ぜ込んだご飯でつくるすしは、またたく間に広まりました。中野又左衛門はミツカンの創業者です。大阪では今もばってらなどの押しずしが食べられていますが、東京を中心として全国に広まっているのは、にぎりずしです。

江戸でにぎりずしが生まれた背景には、漁業の発展があります。たとえば東京の佃島《つくだじま》は、徳川家康が関西から漁師たちを呼んで住まわせた地域です。江戸時代には関西から先進的な漁法が江戸に伝えられ、漁業が進化しています。大阪湾では多彩な魚が獲れるため、さまざまな漁業が発達していたのです。

江戸時代の後期に庶民文化が発達すると、東京湾で獲れた江戸前の魚を使ったにぎりずしが生まれました。江戸前といえばマグロですが、当時マグロは下魚《げざかな》（安い魚）とされていました。あまり新鮮ではなかったので、酸化が早く進む脂身のトロは見向きもされず、赤身を醤油に漬け、「づけ」として出していました。本物の江戸前ずしはあらかじめ味をつけたもの、と言われますが、そのルーツはマグロの鮮度対策にあったのです。

2 「今日もコロッケ」――明治維新がもたらしたもの

肉食解禁

慶応《けいおう》四年の一八六八年、元号が変わり明治元年になりました。明治維新です。「太平の眠りを覚ます上喜撰《じょうきせん》たった四杯で夜も眠れず」と狂歌に詠《よ》まれた黒船来航のショックから十五年。幕府が政権を明治天皇を頂点とする明治政府へ譲り、近代が始まりました。

食の世界で起こった大きな転換は、一八七二（明治四）年、明治天皇が六七五（天武四）年以来公に禁止されてきた肉食を再開する宣言をしたことです。同じころ、宮中の正式料理が日本料理からフランス料理に替わりました。西洋列強に伍《ご》していくには、西洋料理の普及が必要だったからです。

実はペリーが来航した折、幕府は本膳料理でもてなしています。しかし、魚料理が中心の日本料理を貧弱だとペリーは後で言ったそうです。一八五三（嘉永六）年、ロシアのプチャーチンが来航した折のもてなしも不評で、幕府の西洋人へのもてなし料理は彼らの口に合うフランス料理になりました。

西洋人にとって和食が異質だったように、ワインとともに肉とパンを食べるフランス料理も、日本人にとって異質なものでした。料理法も使う食材も調味料も違います。それでも、西洋人とつき合い始めた上流階級は一生懸命彼らの食文化を受け入れました。

西洋料理店や精養軒ホテルなどの西洋式のホテルも誕生し、上流階級の人々はときおり西洋料理を食べるようになっていきます。一八七二（明治五）年には、敬学堂主人《けいがくどう》の『西洋料理指南』、戯作者の仮名垣露文《かながきろぶん》による『西洋料理通』といった翻訳料理書も出ています。

仮名垣露文はその前年に、『牛店雑談《うしやぞうだん》　安愚楽鍋《あぐらなべ》』も出版し、「牛鍋《うしなべ》食はねば開けぬ奴」と挑発的に書いて、牛肉食を推奨しています。もともと、肉はひそかに食べられていました。都会には獣肉を扱う料理屋があり、地方でもサクラ鍋と称して馬肉を、モミジ鍋と言って鹿肉を、ボタン鍋と名づけて猪《いのしし》肉を食べていました。滋養強壮に役立つ薬喰《く》い、と称して食べることもあったようです。

一八六八（明治元）年には東京の芝露月町《しばろうげつちょう》で日本人向けの牛肉店ができ、続いて神楽坂《かぐらざか》、蛎殻町《かきがらちょう》、小伝馬町《こでんまちょう》などで牛鍋店が営業を始めました。天皇が肉食を解禁し、本が出たことで、牛鍋屋は人気が集まります。とはいえ、その味は味噌など和風の味つけで、牛肉は薄切りです。この日本的な料理の牛鍋はやがて、江戸時代に鋤《すき》で鴨《かも》などの肉を焼いていたすき焼きと結びつきます。早くも一八六九（明治二）年に神戸の元町に牛肉すき焼き店が開店しています。

しかし、牛肉は魚とはまるで違う食材です。しかも、一般的には仏教と結びついた穢《けが》れ意識で避けられてきた。それを人々は簡単に受け入れたのでしょうか。

『安愚楽鍋』には、芸者が「こんなうまいものはない」と思った話や落語家が喜んで食べる話が載っています。しかし、反発もありました。一八七二年には、天皇の肉食を止めようとした御師《おし》行者一行が皇居に侵入を図っています。彼らは白装束なら鉄砲に当た

牛鍋屋のようす（仮名垣露文『牛店雑談　安愚楽鍋』より）

らないと信じていましたが、警官隊に撃たれて死亡者が出ました。肉食によって日本が穢れ堕落したと批判する戯作者もいました。

　家で食べるときは、仏様を穢さないように仏壇に紙で目張りをしたうえで調理する人もいました。多くの人々は恐る恐る肉食を始めたのです。

洋菓子はバタ臭いと嫌われた

　明治とともにすぐに牛鍋屋が現れたのは、幕末から外交官や商人などの西洋人が住んでいて、彼らに肉を提供していたからです。

中川屋嘉兵衛《かへえ》は横浜の元町で居留地の外国

人に牛肉を販売していました。一八六七（慶応三）年、江戸高輪《たかなわ》に牛肉屋・中川屋を開いて向かいのイギリス公使館へ納めました。その権利を買い取った堀越藤吉が開いたのが、先ほど紹介した最初の日本人向け牛肉店です。

牛乳などの乳製品も必要でした。嘉兵衛は横浜で牛乳やパンも販売しています。西洋への派遣団に三度も参加した福沢諭吉は、牛乳や牛肉を奨励しています。

日本で最初の酪農家は、一八六一（文久元）年から横浜でオランダ人に搾乳法などを習い、一八六六（慶応二）年、横浜太田町で牧場を開いた農家の前田留吉です。その後東京の芝新銭座《しばしんぜにざ》に移り、乳牛の売買と牛乳販売を行います。「東京や横浜で酪農？」と驚く人がいるかもしれませんね。でも実は、一八七三（明治六）年には東京都心部に七軒も牧場がありました。そんな土地をどうやって見つけたのでしょうか。

江戸には武家の下屋敷（郊外に作られた大名の別邸）がたくさんありました。しかし、明治維新で武士たちは失業し、多くの屋敷跡が廃墟となっていたので、その敷地を利用したのです。初期の農場には官営もありました。酪農は武士の失業対策も兼ねていたのです。業種は違いますが、一八六九（明治二）年に銀座木村屋を創業し、あんパンを開発した木村安兵衛も失業武士でした。

北海道の開拓も始まり、札幌《さっぽろ》などに牧場が作られます。乳製品やハム・ソーセージなど肉加工品の開発は、お雇い外国人と呼ばれた外国人技術者の指導で発展します。一八七六（明治九）年には、「少年よ、大志を抱け」の言葉で有名なウイリアム・スミス・クラークが来日し、札幌農学校の初代教頭に就任しました。

酪農は国を挙げて進められていきますが、乳製品も最初はなかなか受け入れられませんでした。牛肉の場合は、宗教的な禁忌のために恐れを抱かれたものの、食べてみるとおいしいと普及したのですが、乳製品は「バタ臭い」と、ニオイが嫌われました。

『日本洋菓子史』（社団法人日本洋菓子協会・一九六〇年）に証言が残されています。一八七四（明治七）年から東京・麴町でフランス菓子を制作し宮内省に納めていた村上開新堂の三代目、村上二郎は、ある国の大使が馬車でケーキを買いに来た折、野次馬が集まってきたので、「お愛嬌《あいきょう》のつもりで余分に菓子を買って、あたりの大人や子供たちに与えた」ところ、「ひと口、口に入れたものの一斉にペッペッと吐き出す始末」だったとインタビューに答えています。

江戸時代には諸大名に茶菓子を提供していた凮月堂《ふうげつどう》からのれん分けされ、一八七二（明治五）年に創業した東京凮月堂の米津松造は、洋菓子のにおいが苦手でした。しかし、幼い息子たちがいただきもののビスケットをいつの間にか食べてしまった様子を見て、次の世代には洋菓子が受け入れられる、と確信し機械を輸入して一八七五（明治八）年には大量生産を始めます。当初はなかなか売れませんでしたが、一八九四（明治三十七）年に始まった日清戦争で兵糧として重宝され売れるようになります。軍隊は洋食に力を入れており、肉もパンも兵役に従事した人たちから広まりました。

洋菓子が受け入れられたのは、世代交代があったからです。明治も終わりごろになると、銀座にカフェやパーラーができ、ケーキやアイスクリームが出されます。一九〇二（明治三十五）年には、資生堂パーラーがアイスクリームパーラーとして創業しています。明治三十年代には大学の多い神田のミルクホールで、ミルクとケーキを注文して受験の結果を待つことが流行しました。米津松造が予想したとおり、明治生まれの新世代は、洋菓子をバタ臭いとは思わないようになっていたのです。

和洋折衷料理

日本人が洋食の味に慣れていったのは、和洋折衷があちこちで試みられていたからです。一八七三（明治六）年に開業した精養軒ホテルは、食文化史が専門の原田信男氏によれば「日本における西洋料理のメッカ」でした。海軍士官は努めてここで食べるよう奨励され、宮中の女官も精養軒スタッフからテーブルマナーを教わりました。食の面で欧化政策を支えたホテルです。

しかし、勝海舟の三男の妻でアメリカ人のクララ・ホイットニーは、一八七五（明治八）年、『クララの明治日記』で「精養軒の食事はイギリス風、フランス風、日本風の混合で、栄養的でもないし値段も張る」と手厳しく評しています。西洋料理は日本人に受け入れられたその最初から、和風の要素が入った料理だったのです。

クララはその十年後に『手軽西洋料理』を出版しています。料理書は明治時代にもたくさん出版されていますが、近代の料理書事情にくわしい家政学者、江原絢子《あやこ》氏によれば「内容の多くに和洋折衷料理が紹介された」そうです。

醤油や味噌を味つけに使ったり、スープの出汁に昆布を加えたりと味つけを日本風にしたもの。「牛肉と葱《ねぎ》の清汁《すましじる》」、「牛肉白胡麻和《しろごまあ》え」など日本料理に西洋の食材を加えたもの。また、現在もホテルなどでありますが、献立を和洋折衷にする場合もありました。

一八九九（明治三十二）年には高等女学校令が発令されて女学校が国の教育機関になると、入る人が急速にふえていきますが、女学校でも調理実習で料理を教えました。和洋折衷料理が多かったことは、実生活に合わないと批判を受けたことからわかります。二十世紀になると、女学校出の主婦を対象にした家庭料理の本が出版されるようになりますが、そこでも多くの和洋折衷料理が紹介されています。

おそらく明治期の和洋折衷料理の中には、西洋人にも日本人にも違和感のある不思議な料理がたくさんあったことでしょう。しかし、次第に日本人は西洋の食材や味つけに慣れていき、また料理技術も進化しました。和洋折衷の食文化が花開くのは、日清・日露の戦争の間に進んだ産業革命を受けて、新中間層と呼ばれる勤め人が多くなってからです。一般の人たちの層が厚くなったことで、新しい文化が発展したのです。

コロッケととんかつ

大正時代、三大洋食と呼ばれた料理が、コロッケ、とんかつ、カレーです。一九一八（大正七）年、帝国劇場で上演された喜劇『カフェーの夜』の舞台で歌われた「コロッケの唄」が大流行します。

「ワイフもらってうれしかったが、いつも出てくるおかずはコロッケ。今日もコロッケ、明日もコロッケ、これじゃ年がら年中コロッケ」

大正時代のサラリーマンの妻たちは、女学校で調理教育を受けた女性たちです。新婚の彼女たちはまだ、料理のレパートリーが多くなかったでしょう。一方で、新しい味には敏感で和洋折衷料理を採り入れようとした。そういう現実を言い当てていたからこそ、この歌は流行したのではないでしょうか。

コロッケはもともとフランス料理です。ホワイトソースを使ったクリームコロッケが中心ですが、日本では最初からじゃがいもに肉や魚などを混ぜたものが受け入れられました。においが嫌われた乳製品を使っておらず、いものほくほく感が口に合ったのでしょう。

使われる肉は豚肉が定番ですが、豚肉は日清・日露の戦争で牛肉が戦場へ送られ、供給が少なくなったことから普及した肉です。昔の豚肉は独特のにおいが強かったらしく、糞尿で育てるイメージもあって臭いと敬遠され、牛肉より普及は遅れました。

一九一五（大正四）年五月十三日の読売新聞家庭面に、「田毎煮《たごとに》」という豚肉とたまねぎを甘辛く煮、真中に卵を入れて蒸した料理が紹介されています。ここで使う豚肉は、下茹《ゆ》でしてから切ります。五月十八日の「豚のソボロ」も茹でてから料理します。下茹でることで、臭みを取ろうとしたのでしょう。

大正時代には家庭料理を紹介する雑誌もできました。一九一三（大正二）年には『料理の友』、一九一七（大正六）年には『主婦之友』が創刊されます。次第に部数を伸ばしたこれらの雑誌に出てくる料理を、「コロッケの唄」で揶揄《やゆ》された新時代の主婦たちは参考にしていたのかもしれません。

もはや洋食とは思われていないだろうとんかつも、大正時代の人気料理です。もともとはコートレットというフランス料理でした。仔牛《こうし》や羊の骨つき肉を塩・こしょうで味つけし、小麦粉、卵黄、パン粉の衣をつけてバターで焼いたものです。それがカツレツと呼ばれて福沢諭吉などが紹介し、料理屋では牛肉や鶏肉を使ったものを出しました。

最初にとんかつを売り出した店と時期には諸説ありますが、最有力候補は銀座の洋食店、煉瓦亭《れんがてい》です。『とんかつの誕生』（二〇〇〇年）を書いた岡田哲氏によると、それは一八九五（明治二十八）年でした。西洋の肉料理にはにんじんやグリンピース、マッシュポテトといった、茹でたり焼いた野菜をつけ合わせにします。しかし、煉瓦亭ではとんかつに刻んだ生のキャベツを添えました。この発明が日本人の味覚に合ったのでしょう。一九〇七（明治四十）年ごろからポークカツレツは流行します。

現在のような分厚い肉のとんかつを最初に出したのは、上野御徒町《おかちまち》の西洋料理店、ポンチ軒で一九二九（昭和四）年ごろ。考案者は宮内省でコックを務めた島田信二郎です。

とんかつにつきもののウスターソースも明治になって日本に入ってきました。一八九八（明治三一）年の全国醤油大会でイギリスのウスターソースが注目され、二年後には日本でもつくられます。それまでも挑戦した人々はいたのですが、スパイスなどの独特の風味が敬遠され受け入れられませんでした。『とんかつの誕生』によれば、「醤油を洋風に作りかえた洋風醤油」味になり、ようやく日本人好みのウスターソースが生まれたのです。

その後、東京・日本橋でブルドックソースが一九〇五（明治三十八）年に、愛知のカゴメが一九〇八（明治四十一）年にウスターソースを出します。第二次世界大戦後、各地で広まったお好み焼きにつけるとろみのある濃厚ソースに発展し、家庭で愛用されるようになります。濃厚ソースを開発したのは、神戸のオリバーソースでした。ソースのスパイシーな味わいが受け入れられるには、洋菓子と同じく世代交代が必要だったのです。

カレーライスの誕生

日本人がスパイシーな味わいを覚えた料理が、今や国民食とも言えるカレーです。昭和初期になると、向田邦子《むこうだくにこ》や池波正太郎などがエッセイに書いていて、都会では家庭料理としてすっかり定着していたことがわかります。文学者でその味を愛した先駆者の一人は、俳人の正岡子規です。パンや紅茶などの洋食を好んだ子規は、病床日記の『仰臥《ぎょうが》漫録《まんろく》』にさまざまな食事を記していますが、一九〇一（明治三十四）年の夕食には、「ライスカレー三椀《わん》」があります。

家庭のカレーにおなじみのルウは一九四九（昭和二十四）年に発明されたもので、それまではカレー粉に小麦粉を加えてとろみをつけていました。そのカレー粉は最初、イギリスのC＆B社のものが使われ、どのようにつくられているかは、誰も知りませんでした。しかし、何とかこれを国産化しようと苦心した人々がいます。その一人がエスビー食品の創業者、山崎峯次郎《みねじろう》です。

大正時代に埼玉県から上京した峯次郎はカレーの味に取りつかれ、何とか自分でカレー粉をつくりたいと薬種問屋でスパイスを六十〜七十種類も買い込み、来る日も来る日もブレンドに取り組みます。黄色い色のもととなるウコン（ターメリック）が必要なことはすぐに気づきますが、他がなかなかわかりません。インドに滞在していたという知人からコリアンダーやクミンを入れると聞いて加えますが、まだカレーの味になりません。ある日、部屋中に山となっている失敗作の中に、イメージしていたピリッと刺激的な味のものがあることに気づきます。カレー粉に足りなかったのは熟成の時間だったのです。一九二三（大正十二）年春のことでした。

日本のカレーに欠かせないのが、具材のじゃがいもにたまねぎ、にんじんです。しかしこれらの野菜が、カレーに入るようになったのは明治の終わり。それまではカエルの肉や長ねぎを入れるなどの試行錯誤がありました。

たまねぎは最初、嫌われた野菜です。まず「ラッキョウのおばけ」のような形が嫌われ、香りが臭いと嫌われます。日清・日露の戦場で使われ、明治の終わりにようやく普及し始めます。洋菓子が受け入れられたのと同じころです。

じゃがいもは南蛮貿易を通じて十六世紀には日本に入ってきていました。東北や北海道では受け入れられましたが、飢饉のときの救荒食《きゅうこうしょく》として西から普及していったさつまいもと違い、当時の食文化にも合わなかったようです。一八八五（明治十八）年のコメの大凶作でさつまいもも足りなかったことから、広がります。

じゃがいももたまねぎもにんじんも、いずれも江戸時代までに入ってきているのですが、料理法がわからずなかなか普及しなかったようです。さまざまな試行錯誤があってカレーの相棒として受け入れられ、生産量がふえていきます。

一九二七（昭和二）年、新宿中村屋が、創業夫婦の娘婿《むすめむこ》で日本に亡命していたインドの革命家、ラス・ビハリ・ボースの提案で「純印度式カリー」を売り出します。町の洋

純印度式カリーを提供していた昭和初期の新宿中村屋
喫茶部（レストラン）インド間

インド独立運動の志士ラス・ビハリ・ボースの提案で
メニューに並んだ純印度式カリー

食店のカレーが十銭、十二銭のときに、八十銭もしたそうです。翌年には資生堂ソーダファウンテンがリニューアルし、本格的レストランとして開業しますが、そこでもカレーライスが人気でした。

関西では、大衆料理としてカレーが人気を博します。一九二九（昭和四）年に大阪・梅田の阪急電車駅前に、初のターミナルデパートとして開業した阪急百貨店には、二階に食堂が併設され、目玉料理が二十五銭のカレーでした。一九三六（昭和十一）年七月の売上では、一日の平均客数が四万五千人、ライスカレーはランチに次ぐ二位で一万三千食も出ています。すっかりカレーは国民食になっていたのです。

日本料理の洗練

最初は日本の食材にはない香りや味、形が嫌われた西洋の食材ですが、西洋料理を日本人の好みにアレンジする、日本人がその味や香りに慣れていくといった過程を経て、和洋折衷料理とともになじんでいきました。

一方、貴族や武士が発展させてきた日本の料理はどうなっていたでしょう。実は、流入する西洋料理に刺激を受け、独自の進化を遂げていきました。

日清・日露の二つの戦争に勝利した日本は、大正時代から昭和初期にかけて自国の文化に自信を持ち、改めて見直すようになっていきました。食の分野でいえば、豊かな教養を持った経営者の茶人が次々と登場します。三井財閥の益田孝《ますだたかし》や阪急百貨店を開いた小林一三《いちぞう》も茶をたしなみ、茶室で商談をしました。茶席で出されるのが懐石料理です。そこで、日本料理の世界にも新たな展開が起こります。

一八八三（明治十六）年、上流階級が西洋文化に慣れるために開かれた鹿鳴館《ろくめいかん》に対抗して、財界の人々が支える日本料理クラブとして赤坂に開かれたのが、星岡茶寮《ほしがおかさりょう》です。その店を一九二五（大正十四）年、美食家として有名な北大路魯山人《ろさんじん》が会員制の高級料亭にしました。

魯山人は書画・陶芸などを手がけており、料理も芸術として位置づけようとしました。家庭の惣菜《そうざい》を出したり、中華料理の発想を取り入れるなど、意表をつく献立をつくっていきます。その思想を発展させたのが、一九三〇（昭和五）年、大阪に日本料理店の吉兆を開いた湯木貞一です。

スモークサーモンや牛肉を使用するなど西洋的な要素を取り入れた貞一は、松花堂《しょうかどう》弁当の考案者でもあります。方形の弁当箱に十字の仕切りをつくり、器を置いて汁気の多い煮ものも入れたことが画期的でした。

このように日本料理も、西洋からの刺激を受けて新たな境地を見出そうとしていました。しかし、長い全面戦争が始まり、料理の進化どころか食べることにも困る生活になり、ついには全国各地の都会が焼け野原になって敗戦します。この経験が、食の歴史を大きく動かしていくことになります。

3 憧れのハンバーガー——敗戦後の大変革

戦争と飢餓

一九三七（昭和十二）年、日本軍が中国軍を攻撃した盧溝橋《ろこうきょう》事件から日中戦争が始まります。翌年には国家総動員法が施行。産業から国民生活に至るすべてを動員できる権限を政府に与えるもので、その後、さまざまな物資の統制が始まります。一九三九（昭和十四）年、まっさきにコメが配給制になりました。

一九四一（昭和十六）年十二月、日本軍がハワイの真珠湾を奇襲して太平洋戦争に突入します。ヨーロッパではすでに二年前から戦争が始まっており、ドイツ・イタリアと三国同盟を結んでいた日本が参戦したことで、第二次世界大戦の戦火は世界中へと広まりました。その間、日本の食糧統制はますます厳しくなり、一九四四（昭和十九）年にはついに砂糖が配給停止になります。

一九四五（昭和二十）年には、東京や大阪、名古屋など全国の都市が大空襲を受け、広島と長崎に原爆が落とされて、日本は降伏します。八月三十日には連合軍最高司令官、アメリカのダグラス・マッカーサーが上陸して日本は占領下に入ります。敗戦で秩序が崩れ、食糧事情はますます悪くなります。数多くの失業者が寝泊まりしていた東京上野駅では、一日平均二・五人も死者が出ました。法律に従って闇取引の食糧をとらずに生活し、餓死した東京の判事の事件も大きく報道されました。

混乱の中で、人々はネットワークと頭脳を駆使して、闇市で家財を売ったり、料理した食べものを売り何とか生き延びます。晴れ着などの衣類を農村へ売りに行き、食べものと交換してもらう人たちもいました。皮を剝《は》ぐように家財がへっていく暮らしは「たけのこ生活」と呼ばれました。

戦争末期からですが、家の周りの地面を掘り返してかぼちゃやいもを栽培する人が多くいました。これらの野菜はカロリーが高く、栽培もたやすかったのです。しかし、かぼちゃやいもばかりの子ども時代を過ごしたことで、これらの野菜を今でも嫌いという人もいます。

野菜が食卓にのぼるのはマシなほうで、戦争が激しくなると、国は農山村で受け継がれてきた救荒食に知恵を求め、雑穀や虫、雑草などの代用食でご飯を増量するよう推奨しました。食糧不足は、戦地にも及んでいました。戦場が中国大陸から太平洋の島々まで広範囲のため供給は滞り、食糧の現地調達を命じられた部隊もたくさんありました。戦死者の六〜七割が餓死だったといいます。

食糧事情がましになってきたのは、戦後数年経ってからです。一九四九（昭和二十四）年には野菜の自由販売が始まり、ビヤホールが復活します。翌年には牛乳、いも類、水産物、味噌、醤油の統制が撤廃され、占領が終わった一九五二（昭和二十七）年には砂糖の統制が撤廃されます。人々は少しずつまともな生活を取り戻していきました。

インスタントラーメン誕生

戦後、大阪の闇市でラーメンの屋台に行列する人々を見て、商売を思いついた人がいます。日清食品創業者の安藤百福《ももふく》です。

ラーメンのルーツは一八八七（明治二十）年ごろ、横浜中華街の屋台で売られていた麺で、人々は南京そばと呼んでいました。

一九二三（大正十二）年の関東大震災後、支那そば屋を名乗る屋台がふえて、鳴門《なると》かまぼこやメンマ、浅草のり、刻みネギをトッピングした醬油味のラーメンを売り歩きました。今は東京ラーメンとして知られる味です。

ラーメンが登場したのは、日露戦争後でした。浅草の來來軒《らいらいけん》という中国大衆料理店で支那そばとして売りだされたのが、一九一〇（明治四十三）年です。

ラーメンという名前を使い始めたのは一九二二（大正十一）年に開店した札幌の竹家食堂です。店の主人がロシアから亡命してきた王文彩《ワンウエンツアイ》というコックを雇ったところ、腕前がよく人気が出た。彼は料理ができると「好了《ハオラ》」と言ったので、主人の奥さんがその「ラ」を取って「ラーメンとカタカナで表記したところ客に大受けしたようだ」と、『日本めん食文化の一三〇〇年』（農文協）で伝承料理研究家の奥村彪生《あやお》氏が書いています。

さて、そのラーメンが再び瓦礫《がれき》の街で人気者になりました。そのころ、敗戦で事業のダメージを受けたうえに理事長をしていた信用組合が倒産し、四十六歳ですべてを失った安藤が目をつけます。家庭で簡単につくれるラーメンを、と大阪の池田の自宅で即席ラーメンの開発に没頭したのです。ある日、妻がてんぷらを揚げている姿を見て麵を高温の油に入れ乾燥させる方法を思いつき、生まれたのが世界初のインスタントラーメン、チキンラーメンです。一九五八（昭和三十三）年でした。

その後、安藤は世界にこのラーメンを普及させようと、一九七一（昭和四十六）年に器に入った、フォークで食べられるカップヌードルを発売。今や世界中でインスタントラーメンやカップラーメンが食べられるようになりました。

インスタントラーメンはもちろん、町のラーメン屋もふえ、今では塩味やとんこつ味、味噌味などさまざまな味のバリエーションを楽しめます。ラーメンブームも何度か起こりました。豚や鶏のガラ、昆布、煮干し、かつお節など店ごとに工夫した出汁がおいしいラーメンは、うどんや蕎麦などの麺類を愛し、近代化とともに肉や油脂の味を覚えてきた日本人の味覚に合ったのです。

ダイニングキッチンと中華料理

戦前の三大洋食、コロッケ、とんかつ、カレーは油脂をたくさん使った料理です。しかし、ふだんは野菜の煮ものや味噌汁など、淡白な料理を食べていた日本人が、毎日の食事で油脂を積極的に摂るようになったのは戦後のことでした。戦中戦後の飢餓のせいで栄養不足になっていた人々に、一九五〇〜一九六〇年代、政府がタンパク質や油脂などを摂るよう奨励したからです。

高度成長期の主婦雑誌には、炒《いた》めもののレシピがくり返し登場します。経済成長中とはいっても、家計はいつも余裕があるわけではありませんし、不況の時期もありました。そんなときに節約できる「経済料理」として、野菜炒めなどが紹介されたのです。

炒めものが普及したのは、台所が大きく変わったおかげでした。昔の台所は土間です。

かまどがあって、薪《まき》で火を使い、煙は窓や天井から抜ける構造になっていました。昔の木の家やかまどの映像は見るとなつかしいものですが、すすが溜まるなど非衛生的な側面もあり、目が見えなくなるなど病を負う人もいました。

都市部では立ち流し（立ったままで使える流し台）やガス、水道も普及していましたが、全国に広まるのは昭和三十年代です。台所が変わったきっかけは、戦争で都市が焦土《しょうど》になり、高度経済成長で都会にたくさんの人が集まってきたことでした。一九五五（昭和三十）年、深刻な住宅不足に対応するため政府肝《きも》いりで日本住宅公団が誕生しました。

日本では長らく寝る部屋と食べる部屋は同じでした。ちゃぶ台を片づけた後の和室にふとんを敷いて寝る。しかしそれは不衛生だと、食べる部屋と寝室をわけることになりました。親子が互いにプライバシーを確保できるように二部屋を確保しても、当時の公務員住宅より一坪余分なスペースがあったので、生まれたのが台所と食堂を兼ねた板の間のダイニングキッチンです。一九五六（昭和三十一）年、大阪府堺市の金岡《かなおか》団地などで最初の入居が始まりました。最初の団地には、ダイニングテーブルも備えつけられていたそうです。それは市販のテーブルが、部屋に対して大きすぎるからでもありました。

翌年から供給された団地には、ステンレスの流しも入ります。それまではジントギと呼ばれる硬い人造石の流しが多く、うっかり食器を落とすと割れてしまう扱いにくいものでした。ステンレスの流しは進駐軍用につくられていましたが、一個一個成形しなければならなかったため高価でした。公団から大量生産を求められたサンウェーブは試行錯誤の末、薄いステンレス板とプレス機を開発し、量産に成功したのです。

一九五八（昭和三十三）年には、換気扇が導入されました。換気扇は、調理中に上がってくる煙、におい、そして油脂の粒子を強い風で巻き込み戸外へ追い出します。そして、コンロには炎の安定したガスが使われ、ガスと換気扇が入ったことで、炒めものは家庭に広まりました。つまり、公団住宅が日本の台所に革命を起こしたのです。

もう一つ、このころ人気になった中華料理にぎょうざがあります。

明治の開港とともに中国人がやってきて横浜や神戸、広島など港がある町に集まって中国人街ができ、中華料理も入ってきます。しかし、日本人は西洋料理のように積極的に食べようとはしませんでした。

当時、中国はアヘン戦争に負けた後で、日本は長い間尊敬してきた国を差別するようになっていました。しかし、日清・日露の戦争で勝利して自信を得たことや、戦争や商売のために中国へ渡った経験のある人がふえたことで、中華料理店がふえていきました。ラーメンもその中で誕生します。白菜も、この二つの戦争で中国へ渡った農村出身の兵士が持ち帰って、日本で普及しました。

日本人が大量に大陸へ渡ったのは一九三二（昭和七）年、満州国を日本が建国してからでした。現在の中国東北部にあたるこの地域は、小麦の生産が盛んで、人々は小麦粉の粉を使ったぎょうざや饅頭《まんとう》などを食べていました。その味がとてもおいしかったので、敗戦とともに引き揚げてきた人たちが、ぎょうざを出す中華料理店を開きます。もちもちとした皮に、ジューシーな豚のひき肉、白菜などが入った料理は人気を得て広まっていきます。

ぎょうざは、醤油、酢、ラー油を混ぜたタレにつけて食べます。醤油と酢は昔からありましたが、ごま油に唐辛子が入ったラー油はありませんでした。ガスコンロと換気扇のおかげでぎょうざが家庭にも広まり始め、一九六六（昭和四十一）にヱスビー食品が「ヱスビー中華オイル」としてラー油を発売します。こうしてぎょうざは人気家庭料理になったのです。

みんな大好き、コッペパン

戦後の食生活を語るうえで欠かせないのが、パンの存在です。和食が廃れるかもしれない、という専門家たちの危機感の背景には、パンが主食になるのではないかという怖《おそ》れがありました。戦後の復興に欠かせないとしてコメは増産されますが、朝食にパンを摂ったり、おかずが豊かになって人々がご飯のおかわりをしなくなり、次第に消費が供給量に追いつかなくなります。一九七〇（昭和四十五）年からは減反政策が始まり、コメをあまりつくらないようにしなければなりなくなりました。

パン食がふえたのは、学校給食をパン食にしたからではないか、という説があります。何しろ戦前は、パンはおやつに食べるもので主食にする人は少なかったからです。

水戸藩の武士だった木村安兵衛がパン屋を開き、あんパンを開発したのは一八七四（明治七）年です。安兵衛が店を開いたのは一八六九（明治二）年ですが、それまでの食生活になかった小麦粉の発酵食品はなかなか受け入れられず、まんじゅうのようなパンを開発し、食べてもらおうと考えたのです。

一八七五（明治八）年に明治天皇に献上して気に入られ、木村屋は成功。あんパンなら、と食べる人がふえていきます。俳人の正岡子規もあんパンがお気に入りで、ひんぱんに食べていたようです。

具材入りパンはその後も登場します。新宿中村屋が、シュークリームにヒントを得てカスタードクリームを入れたクリームパンを発売したのは、一九〇四（明治三十七）年でした。カレーパンの誕生は一九二七（昭和二）年。最初は洋食パンという名前だったそうです。こうして見ると、現在まで人気のパンはどれも柔らかく、具材と絶妙なコンビネーションのものだとわかります。どこかご飯に似ていますね。

戦後にアメリカからの救援物資を使って始まった学校給食で出されたのも、柔らかいコッペパンです。学校時代の記憶と結びつくからでしょうか。コッペパンは町のパン屋でも人気で、ソーセージなどを挟むサンドイッチ・パンとしても親しまれています。

パンは軍隊を通じても広まりました。実は江戸時代に出てきた脚気は白米の普及とともにふえていきました。白米のご飯に憧れて入隊する人が多かった軍隊でも、脚気の問題

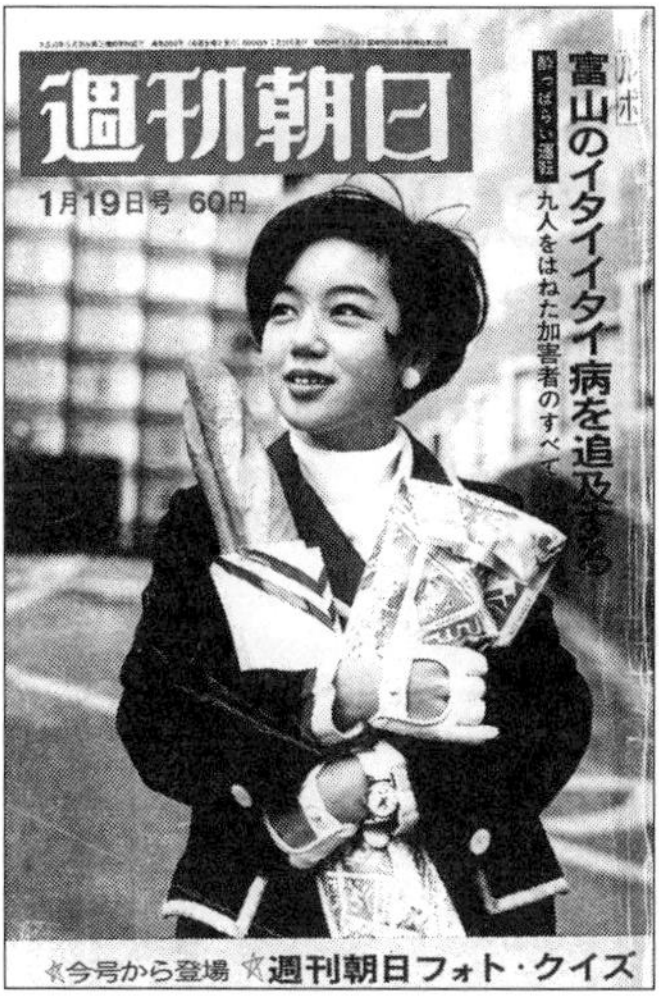

一九六八年一月には週刊誌の表紙にドンクのパンを持った女性が登場した

がしばしば起こりました。

そこで海軍はパンを中心にした洋食をふやします。『舞姫』の作者でもある森鷗外《おうがい》が率いた陸軍ではご飯食を選びました。海軍は脚気患者がほとんど出なくなったのに対し、陸軍では日露戦争で大量の患者、死者が出ました。脚気の原因が糠に含まれるビタミンB_1不足だという知識が広まったのは、大正時代のことです。

ところで、パンの本場、ヨーロッパで好まれるのは、皮が硬く中身がぎっしり詰まったパンです。いわゆるハードパンで、ずしりと重いフランスのカンパーニュなどがその代表です。ハードパンが日本で人気になるのは、神戸のドンクが東京の青山に進出した一九六六（昭和四十一）年からでした。しゃれたデザインのドンクの袋にフランスパンを入れて歩くことが、若い女性の間でブームになったのです。青山には、デニッシュペストリーと、トレイを使うセルフサービスの販売方式を始めた広島のアンデルセンも一九七〇（昭和四十五）年に進出したので、青山ベーカリー戦争と言われたほどでした。

広島市は戦前からパン屋の多い町でした。アメリカへ出稼ぎで移民に行った人が多く、彼らが帰国後にパン屋を開いたのです。一九四八（昭和二十三）年にパン屋を開いたアンデルセンの親会社、タカキベーカリーは後発のために苦労し、そのことがセルフサービスなどのアイデアを産みました。

一方、神戸は一八六八（慶応三）年に開港して以来、外国人が多く住む街でした。外国人からやがて日本人へと食文化が伝わります。その中にパンもありました。現在でもパンの消費量ナンバーワンを誇る神戸ですが、ドンク以外にも第一次世界大戦の捕虜《ほりょ》として来たドイツ人が開いたフロインドリーブなど、本格的なヨーロッパのハードパンを売る店がいくつもありました。パン屋が多い町でしのぎを削っていた店が、新しいもの好きが集まり情報発信力のある東京に進出し、新しい食文化が育ったのです。

ハンバーガー上陸

高度成長期には、朝食はパンという習慣が若い世代を中心に広がります。しかし、そういう人でも基本的に昼食や夕食はご飯が主食です。

二〇一二（平成二十四）年五月十七日、テレビ東京の経済番組『カンブリア宮殿』に出た神戸屋社長の桐山健一氏は、一九七五（昭和五十）年に兵庫の西宮に開いたベーカリーレストランでは、料理を注文する客がほとんどパンを主食に選ばなかったと話しました。神戸屋は一九一八（大正七）年に大阪市で創業。パンの町神戸にあやかり、神戸屋と名づけたパン屋のチェーン店です。

神戸屋が気軽に入れるベーカリーレストラン一号店を開いたころ、ファミリーレストランやファストフードのチェーン店が次々とできていました。当時、ファミリーレストランは郊外の幹線道路沿いに、ファストフードは都心に店を開きました。

それは狙う客層の違いでした。チェーン店が広まるのは、一九六九（昭和四十四）年の第二次資本自由化で外資系の外食チェーン店が次々と入ってきたことがきっかけです。

一九七〇年代前半、マクドナルドが銀座、ケンタッキーフライドチキンが名古屋、ミスタードーナツは大阪の箕面《みのお》、ロッテリアは東京の日本橋、デニーズは横浜の上大岡《かみおおおか》、すかいらーくは東京の国立《くにたち》に第一号店を開きます。ファストフードとファミレスの棲《す》みわけが伝わるでしょうか。

ファミリーレストランの先駆けは、福岡市でレストランを開いていたロイヤルでした。一九六二（昭和三十七）年、日本で初めて調理の下処理をまとめて行うセントラルキッチン方式を採用していました。ロイヤルは親会社が技術などを提供し、同じ内装やサービスの店をふやすフランチャイズ式も導入、一九七一（昭和四十六）年には北九州市にロイヤルホスト一号店を開きます。食とサービスの大量生産が始まったのです。

ファミリーレストランが郊外を選んだのは、文字通り家族連れの客を狙ったからでした。それまで、レストランは敷居が高い店でした。値段もサービスも一流、ゆとりのある人たちが正装して出かける店です。ファミレスは、大量生産で価格を抑えたフランチャイズチェーンという新しいビジネスモデルを採用したことで、気軽に入れる店となっ

若者でにぎわう銀座中央通りのマクドナルド（1973年頃）
（写真提供／毎日新聞社）

たのです。

郊外はそのころ、宅地開発が進んでいました。高度成長期に都会に来た人たちには自分の土地がありません。しかし、郊外なら一戸建てを持つことができたのです。持ち家政策を進める政府の方針もあり、人々は会社の補助が出る財形住宅貯蓄でお金を貯め、ローンで家を買いました。

一方、日本マクドナルドの創業者、藤田田《でん》は郊外に店を開く本家アメリカと日本では市場が違うとにらんでいました。アメリカはすでに車社会で、ハンバーガーは国民食になっていましたが、日本ではまだほとんど知られていませんでした。これは若者の食べものだと見抜いた藤田は、歩行者天国が始まっていた銀座中央通りに店を開きます。読み通りに若者たちが集まり、マクドナルドは成功の一歩を踏み出したのです。

ところで、ロイヤルも日本マクドナルドも創業者はアメリカを視察し、ビジネスを始めています。戦後長い間、アメリカは日本の憧れの先進国で、アメリカの消費生活を理想とし、ビジネスモデルを多く採り入れてきました。

原点は、進駐軍の存在です。日本人もハウスメイドなどの形で進駐軍の暮らしに接していましたから、そこから入ってきた文化も多いのです。また、冷蔵庫に食べものがたっぷり入っている豊かな生活ぶりを見せる映像もありました。ナトコ映画といって、日本各地で上映されています。その物質的な豊かさを見て、日本は負けて当然だと思った人も多くいたのです。

スーパーマーケットとコンビニエンスストアもアメリカから入ってきたビジネスモデルです。食べものから生活用品まで、チェーンで大量に仕入れて売る店です。

大量流通の仕組みを支えたのが、一九六〇年代半ばにできた、決まった産地で同じ野菜をつくり大都市に出荷するよう決めた野菜生産出荷安定法と、産地から店まで低温で運ぶコールドチェーンの仕組みでした。電気冷蔵庫が急速に普及した時代で、一九五六（昭和三十一）年には五十一・四％だったのが一九七〇年には八十九・一％の家庭に入っています。冷蔵庫のおかげで毎日買いものをしなくてすむようになって、主婦の労働はへりました。家電は高度成長期、次々と家庭に入っています。洗濯機、電気釜、掃除機、そしてテレビです。

テレビは料理番組を放送していたので、その番組を見ながら新しい料理を取り入れた主婦も少なくありません。戦後に普及した料理に生野菜のサラダがありました。これも進駐軍用にレタスを栽培したことがきっかけです。野菜を新鮮なまま運ぶ流通システムが整ったことで、トマトやきゅうり、レタスなどの生野菜をサラダとして食卓にのせることができるようになりました。レタスは高度成長期に消費が伸びています。

戦前、すぐには受け入れられなかったマヨネーズの販売が伸び、ドレッシングも発売されました。やがて昭和の終わりにアメリカからデリカテッセンを導入した人がいました。神戸で惣菜《そうざい》メーカーのロック・フィールドを経営する岩田弘三氏です。この会社は一九九二（平成四）年から、色鮮やかで具材が豊かなサラダで客をひきつけるＲＦ１の惣菜ブランドを全国のデパ地下に展開するようになります。

このように、歴史をたどれば、外国と接する機会に新しい文化が入ってきたことがわかります。最初は拒否反応があっても、世代交代が進むと好みが変わり受け入れられていきました。その背景に、自分たちの生活にどうしたらその食べものが合うかを試行錯誤してきた先人の苦労があります。

第二次世界大戦後は、戦前とは比べものにならない速さで洋風スタイルが生活に入り込んでいます。敗戦という深い挫折を経験したことで、受け継いできたものをリセットしてアメリカを受け入れたようにも見えます。しかし、本当にそうでしょうか。

ここまで、世の中の大きな流れの中にある食生活の変化をみてきました。何度も革命的な転換を果たしてきた食の歴史は、私たち一人ひとりの暮らしにはどんな影響を与えてきたのでしょうか。そして、高度成長期以降のどんな変化が、現在の私たちの食卓に影響しているのでしょうか。

第二章では、歴史の渦中にいた市井の人の視点から、食の変化を眺めてみたいと思います。昭和の典型的な家族の中で育った私と、田舎から都会へと移り、生活の大転換を体験した母の生活を手掛かりにしてみましょう。

第二章　昭和育ちの食卓——私が食べてきたもの

1　ベースはすでに洋食

主婦雑誌の全盛期

私は一九六八（昭和四十三）年生まれです。父は大阪で働くサラリーマン、母は専業主婦で、四歳下に妹が一人います。昭和の典型的な郊外育ちの子どもでした。

母がつくった料理で、私が好きだったものといえば……ハンバーグ、ぎょうざ、ポテトコロッケ、クリームコロッケ、ポテトサラダ、カレーライス、コーンクリームスープ、オムレツ、とんかつ、てんぷら。まるで洋食屋かファミリーレストランですね。そして、これらは現在、冷凍食品などの加工食品、惣菜《そうざい》店の人気メニューでもあります。

なぜ、これらの料理が、外食や惣菜などで人気になっていると思いますか。それは、手間がかかるからです。ハンバーグやぎょうざ、コロッケなどは、手をベタベタにしながら丸めて形をつくる必要があります。私の母はつくりませんでしたが、このころ人気だったロールキャベツや春巻きも、同じようにひと手間余分にかかります。揚げものは、飛び散った油を拭き取るめんどうな片づけも待っています。

私の母は専業主婦でしたが、今の保護者には働いている人が多いと思います。仕事から帰ると、子どもがお腹を空かせて待っている。さっさとつくって食べたいから、炒《いた》めものやサラダなどの簡単な料理にしたり、常備菜をつくっておいたり、惣菜を買ってきたりするのです。

母が結婚したのは、一九六四（昭和三十九）年です。当時は高度成長期で、小さな商店がスーパーになったり、町工場が大企業になるなど、企業がどんどん大きくなる時代でした。大きくなれば人をたくさん雇わなければなりません。男性たちは、毎週きちんとお休みをもらい、長く勤めれば給料が上がっていくサラリーマンになることができました。

サラリーマンは、都会に家を買えて家族を養って、子どもを大学まで進学させられる憧れの職業でした。特に、若い女性にとっての憧れでした。彼女たちは自ら働く場を企業に得ることは難しかったのですが、サラリーマンの奥さんになれば、自分は働かずに子育てに専念できました。若い男性は大挙してサラリーマンになり、若い女性は大挙して彼らの奥さんになりました。そんな一組が、私の両親でした。

若い主婦たちが自分の台所を持ったときに、料理の教科書になったのは主婦雑誌やテレビの料理番組でした。何しろ高度経済成長のおかげで、彼女たちが育った時代と世の中の環境が大きく変わっていたからです。

近所にスーパーができ、家には冷蔵庫などの家電もあります。新鮮な野菜や肉、魚、牛乳などが毎日手に入り、家で保存できます。テレビでも映画でも、アメリカがかっこよく宣伝され、アメリカ文化に憧れて、洋食中心のおしゃれな食卓にしたい主婦は多かったのです。そうした料理も、メディアで盛んに紹介されていました。

母が参考にしたのは、『主婦の友』（主婦の友社）でした。試しに母が結婚した一九六四年十一月号の料理ページをめくってみます。

グラビアページでは、「たのしいごちそう」という特集で、「豚肉のキャセロール蒸し焼き」や、「スタッフドエッグ」、「スエーデン風ミートボール」、「さいころケーキ」など洋風料理の名前が次々に出てきます。

「一人前40～100円でできる若い家庭の夕食献立」という特集もあります。この年、中華そば一人前が五十九・四円ですから、かなり経済的な献立と言えます。その内容は、「あじのオイル焼き、白菜とあさりのスープ」、「豚肉のぶどう酒煮、野菜のクリーム煮、白菜のサラダ」、「さばのフライ、大根めし、大根葉のつけ物」などです。

オイル焼きとは油を引いて焼くことです。それまでは焼くといえば、七輪で網焼きすることだったので、油を使う料理が目新しかったのです。油脂を使うことが奨励《しょうれい》された時代なので、炒《いた》めものも盛んに紹介されていました。

当時の『主婦の友』では、ひと手間かけた料理がたくさん紹介されていました。「ベーコン巻ハンバーグ」、「豚肉の変り揚げ」、「獅子《しし》とうがらしの肉詰」、「なすのはさみ焼」、「牛肉のシューマイ」、「さんまのロールフライ」などです。

何しろ洋食を覚えたての新婚さんです。新しい台所で、新しいものをつくりたいのです。でも、主婦たちが手をかけた理由は、それだけではありませんでした。

母に新婚時代につくった料理について聞いたことがあります。すると母は、こんなふうに答えました。

「魚だって焼き魚や煮つけにするだけじゃなくて、フライにしたりムニエルにしたりして、目先を変えた。三カ月間、一日として同じ料理をのせなかったんよ」

毎日献立を変えたことが自慢だったのです。それまでの時代、主婦といえども農作業をしたり、商売を手伝うなど家事以外で忙しいのが当たり前でした。そして母の時代になると、少ないとはいえ会社で働く女性も出てきました。働く人もいる中であえて家にいるのです。まじめにやれば主婦業も大変だ、とアピールするために、料理のハードルをぐんと上げてしまったのが、この時代の主婦でした。

お母さんの洋食

そんなふうに、主婦たちが手をかけた料理はおいしかった。だから、昭和に流行《はや》った洋食は、お店で買ったり外食してでも食べ続けられる料理になったのですね。あのころの洋食の味の決め手は、トマトケチャップにウスターソース、ブイヨンなど。つまり、加工食品だったのです。

母がハンバーグにかけるソースは、フライパンに残った肉汁にトマトケチャップとウスターソースを入れて少し煮込んだドミグラスソース風でした。スパゲティ・ミートソースもケチャップ味、スパゲティ・ナポリタンはもちろんケチャップ味です。

ケチャップやウスターソースには、あらかじめスパイスが入っています。ヨーロッパではスパイスがよく料理に使われますが、ナツメグやクローブといった単品のスパイスは、洋食を覚えたての当時の人々には使いこなせません。そこで、これらのソースが使われたのです。そもそもウスターソースは、インドで覚えた味を再現したい、と植民地から帰ったイギリス人が開発したもの。ケチャップは、トマトを煮込む手間を省きたいと、アメリカで普及していたものでした。

また、西洋料理のスープは、骨つきのガラ肉を野菜と一緒に何時間も煮込んでつくります。かつお節や煮干しの出汁みたいに手軽にはつくれないので、市販のブイヨンの出番となります。

ちなみに、スパゲティは柔らかく茹《ゆ》でて使っていました。パスタは戦後広まったもので、当時はスパゲティとマカロニぐらいしか知られていませんでした。そして、アルデンテという言葉もなく、人々はうどんのように柔らかく茹で、水に晒《さら》す場合すらありました。日本人はパスタをまず、洋風うどんとして生活に取り入れたのです。

クリームコロッケは、特別な料理でした。何しろ難しいのです。ベタベタ手にくっついてくるクリームをまとめて衣に包み、上手に揚げるのは大変だったらしく、母がつくったものはときどき中身が飛び出していました。うまくいったときには、「今日は爆発しなかった」とうれしそうです。そのつくり方は、一九七五（昭和五十）年に一戸建てを買って引っ越す前に住んでいたマンションで、隣の奥さんから教わったものでした。

昭和のそのころ、どこでも近所づき合いが盛んでした。子どもが大勢いたので、あちこちの家に遊びに行ったり、外で遊んでいる子どもを見守っている間にお母さん同士が友達になります。それ以外にも、料理を教え合う、つくり過ぎたお惣菜をおすそ分けする、お届け品を留守のときに預かってもらったからとおすそ分けする、足りなくなった調味料を借りる。家を行き来する口実はいくらでもありました。

外食が今ほど気軽にできなかったそのころまで、家で人をもてなすことが珍しくなく、腕によりをかけてちらしずしやミートローフなどのもてなし料理を披露する主婦もいました。

私の家にも、しょっちゅうお客さんが来ました。ご近所の奥さんたちが来てお茶を楽しんでいるときもあれば、家族ぐるみで遊びに来る父や母の友人、仕事仲間、親戚。私や妹の友達。たくさん来るお客さんの手土産で、私はユーハイムのバウムクーヘンやメリーのマロングラッセ、モロゾフのクッキーなどの味を覚えました。

野菜嫌いの子ども

ところで、市販品を味の決め手に使う洋食は、強いはっきりした味をしていると思いませんか。しかも肉料理です。肉はうま味が強い。ハンバーグやとんかつのジューシーで濃い味を覚えた当時の子どもたちが嫌った食材があります。にんじんにピーマン。どちらも独特の香りと味のくせがあります。私はその両方が嫌いな子どもでした。

幼稚園のころ、よくお弁当に、ハンバーグと一緒ににんじんのグラッセが入っていました。にんじん料理の中でもこれは大の苦手で、特有の臭みが強調された甘さが、どうしても受けつけられませんでした。母は私の野菜嫌いを治そうと一生懸命で、何度も何度も出すのですが、そのためにますます私はこの料理が苦手になりました。

ある日、叱られるのは怖いけれど、どうしてもにおいが嫌で、先生が見ていない隙に、こっそりティッシュに包んでゴミ箱に捨てたことがあります。ドキドキしながら空になったお弁当箱を家に持ち帰りました。幸い母からは何も言われませんでした。

その後も野菜の試練は続きます。今振り返ると、母はスパゲティ・ナポリタンは得意でなかったなと思います。なぜなら、中に入ったにんじんやピーマン、たまねぎがまだ固かったからです。だから、余計に香りが強く出ます。とにかく食べなくて、本当によく叱られました。母は叱るのに疲れ、私は叱られるのが怖くなります。悪循環です。

十歳ごろ、おでんのだいこんを食べる口実を見つけました。煮しめた丸いだいこんを、ケーキに見立てて六等分するのです。「これはケーキよ」とこっそり自分に言い聞かせながら、口に入れます。似ても似つかぬ出汁《だし》と醬油《しょうゆ》の味ですが、がんばって飲み下しました。

そういえば、同じころ、給食で野菜の香りが苦手だったコンソメスープを食べられるようになりました。小学校二年生で初めて出されたときは、気分が悪くなるほどだったのに、あるとき平気で食べている自分に気がついたのです。食べることは経験です。特に子どもは知らない味を嫌がりますが、多くの場合、くり返し食べるうちにその味に慣れていきます。

今やコンソメスープは得意料理、おでんのだいこんは居酒屋でも真っ先に頼む大好きな料理です。にんじんも台所に常備しています。グラッセはいまだに苦手ですが……。

お手伝いをしなかった世代

私たちの世代がそれまでの世代と違っていたのは、女の子が台所の手伝いをしなくなったことです。料理するプロセスを知らなかったことも、野菜嫌いにつながったかもしれません。というのは、よく具を包むのを手伝ったぎょうざは、香りの強いにらがたっぷり入っていても平気だったからです。母がぎょうざをメインディッシュにするときに必ずつくった、野菜たっぷりの中華スープも残さず食べていました。

でも、ぎょうざは例外で、ふだんは食器を下げる程度しかお手伝いをした記憶はありません。少し上の世代までは、女の子はお手伝いをするのが当たり前でした。料理ぐらいできないとお嫁に行ったときに困るからです。外食はもちろん手軽ではありませんでしたし、お惣菜なんて売っていない町がほとんどでした。でも、私たちの世代は手伝わされなかった。理由はいくつかあります。

一つは、お手伝いより、勉強していい学校へ行くことが大事になってきたことです。高度経済成長で企業が大きくなり、政府は大企業のサラリーマンに有利な社会保障制度を整備しました。生活費が安くなる福利厚生や、社会保険も、財形住宅貯蓄も、もちろん給料も大企業のほうが得です。大企業で出世コースにのるにはいい大学を出る必要があります。そこで、皆こぞって子どもたちによい学歴をつけさせようとしました。私が子どものころには、高校卒業は当たり前、大学や短大へ進む人もふえ始めていました。そして、私も中学受験をして、お手伝いを覚える年ごろの四年生から塾へ通いました。

二つ目は、母親たちが専業主婦になったからです。昔は主婦も忙しく、家事は手仕事で一人ではできないほど作業量があったので、子どもたちも手伝っていました。料理の下ごしらえをしたり、お使いに行ったりしたのです。母親がいなかったり、外で働いていて、早くから台所に立った子どもも少なくありませんでした。

しかし、専業主婦には時間が十分あります。子どもたちが帰ってくる前に買い物をすませ、下ごしらえしておくこともできます。手伝わせる必要がないのです。彼女たちは、料理を自分だけのものにすることで、母親としての存在意義を確かめていたのかもしれません。

もう少し後の時代になるとシステムキッチンが普及しますが、扉で全部隠されるこのキッチンは、主婦以外の家族が「何がどこに入っているかわからない」と台所を敬遠することにつながりました。また、キッチンがダイニングと別になる構造では、料理するプロセスも見えにくいのです。

さらに、この時代の主婦たちは戦争戦後の食糧難の時代に育ち、とくに都市ではまともな料理をつくって食べる生活ができませんでした。母親に料理を教わるどころではない子ども時代を過ごした女性も少なくなかったのです。メディアなどをとおして料理を覚えた彼女たちは、料理を教え教わる習慣があまりなかった世代とも言えるかもしれません。

オーブンが家にやってきた

高度成長期、主婦雑誌が盛んに紹介した調理道具に、「天火《てんぴ》」があります。天火とはオーブンのことで、昔は金属製の箱をガスコンロの上に置く形式でした。それがやがてコンロつきなどを経て、ガス管を内蔵した独立型のタイプが出回るようになります。そのころにはガスオーブンと言えるものになっていましたが、天火に憧れた人たちは、ガスオーブンのことを天火と呼んでいました。一九七七（昭和五十二）年には三菱《みつびし》電機と松下電器（現パナソニック）が、電子レンジにオーブン機能がついたオーブンレンジを売り出し、次第に電気のオーブンが主流になっていきます。

母が天火の存在を知ったのも、『主婦の友』でした。一九六四（昭和三十九）年の『主婦の友』では、「新婚料理教室」という連載ページがあり、サラダや煮もの、焼き魚など、基礎的な料理法を教える中に、天火も入っていました。天火があれば、クリスマスにローストチキンを焼いたり、グラタンをつくったりできます。

母がそのオーブンを手に入れたのは、引っ越してまもなく、妹がキリスト教系の幼稚園に入ったことがきっかけでした。幼稚園の行事としてバザーがあり、母たちはお菓子を焼いて売ることになったのです。バザーでマドレーヌを焼かないといけない、という理由ができ、母いわく「三十三万円もした」というガスオーブンを買ったのです。

その年のクリスマス、母ははじめてローストチキンを焼きました。私はそれを覚えていませんが、その後恒例になった骨つきもも肉のローストは、毎年食べました。つややかな茶色のパリっとした皮。ジューシーで、ふりかけたレモンの酸味が効いた爽《さわ》やかな味。私も妹も毎年クリスマスを楽しみにしていました。

グラタンもつくりました。母がよくつくったのは、エビ入りのマカロニグラタンと、残りご飯を入れたライスグラタンです。どちらもきのこやゆで卵のスライスがのり、一番上にはチーズがかかって香ばしく焼けていました。

お菓子もつくりました。クッキーにマドレーヌ、焼きリンゴ。そういうオーブン料理が、付録のクックブックに載っていたのです。

お菓子づくりは楽しそうな仕事でした。小麦粉や卵、バター、砂糖を混ぜたたねが、かき混ぜていくうちに色が変わり柔らかいクリーム状になる様子を眺めたり、型に入れ

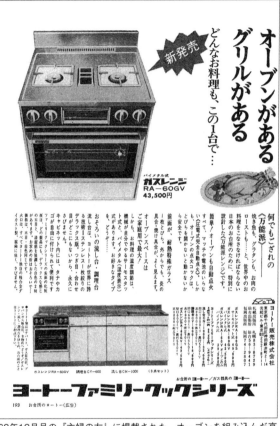

1968年12月号の『主婦の友』に掲載された、オーブンを組み込んだ高級ガスレンジの広告。この年の大卒初任給3万600円のほぼ1.5倍と、かなり高価なものだった。ちなみに同号には「テンピなしで作るクリスマスケーキ」のレシピが掲載されている

てもらいました。

るときに残った甘いたねをなめさせてもらったり……。クッキーは、型抜きを手伝わせ

小学校四年生になると、私はお菓子のレシピ本を買ってもらい、自分でクッキーを焼くようになりました。オーブンに点火するところだけは、危ないからと母がやってくれました。粘土遊びみたいで楽しく、おいしいクッキーづくりにすっかりハマり、やがてフルーツケーキ、パイなどとレパートリーをふやしました。

私が料理の段取りを覚えたのは、このお菓子づくりを通してです。お菓子は、いろいろ下準備がいります。粉をふるっておく。バターを冷蔵庫から出して柔らかくしておく。フルーツケーキなら、ドライフルーツをお湯でふやかしてからみじん切りにする仕事もありました。下準備ができたら、順に混ぜたり泡立てたりしてたねをつくります。

大人になって自分の台所を持つようになると、たとえば煮ものだったら、昆布をあらかじめ水につけておき、大根を下茹でするなどの下ごしらえが必要なことを知りました。段取りがすっかり身についたころ、「これはお菓子と同じだな」と気がつきました。料理の基礎は、洋の東西を問わずそれほど変わらないのかもしれません。

食品公害の時代

改めて振り返ってみると、加工食品が次々とでてきて普及した時代にもかかわらず、母はけっこう何でも手づくりしていたと思います。テレビで盛んに宣伝していたイシイのハンバーグも、大塚食品のレトルトのボンカレーも、うちでは食べませんでした。インスタントラーメンはよく食べましたけれど。

母は食品公害を心配していました。高度成長期も後半になると、大急ぎで企業を大きくし経済発展を遂げた国ならではの、環境汚染が起こっていました。川はどす黒く濁《にご》ってにおいます。東京の隅田川では、あまりに臭いので江戸時代から続く花火大会ができなくなりました。私が幼いころ住んでいた海岸近くの町で、父から「昔はこの海で泳げたんだよ」と聞いたときは、びっくりしました。都会の海は汚いのが当たり前で、海水浴は田舎に行かないとできないと思い込んでいたからです。

熊本県水俣《みなまた》市で最初の水俣病患者が発見されたのは、一九五六（昭和三十一）年。政府が「もはや戦後ではない」と経済成長に入った宣言を出した年です。この時期、新潟県阿賀野《あがの》川流域でも第二水俣病が起こり、四日市ぜんそく、イタイイタイ病など、工場の排水や排気が原因で起こる病気の患者が拡大し、社会問題になります。患者団体は訴訟を起こしましたが、国や企業を相手どった裁判は時間がかかり、結局患者たちが納得する解決には至りませんでした。

私が小学校のころは、夏になるとたびたび光化学スモッグ警報が出され、休み時間でも慌てて教室へ戻らなければなりませんでした。空はいつもうす曇りという時代でした。

朝日新聞での連載がまとまった有吉佐和子の『複合汚染』が出版され、ベストセラーになったのは、一九七五（昭和五十）年です。農薬や大気汚染、食品の添加物などの危険性が指摘されていました。この本で有機農業に取り組む農家が紹介されたことで、有機農業への関心が高まり、共同購入をして支える都会のグループもふえていきました。

有機農業に関しては、一九七一（昭和四十六）年に有機農業研究会が発足、一九七五（昭和五十）年には翌年「大地を守る会」となる、「大地を守る市民の会」が発足しています。

母が加入していた灘《なだ》神戸生協（現在はコープこうべ）でも、一九六七（昭和四十二）年に商品検査室を設置、食品添加物や農薬などのチェックを行い、危険と判断したものは取り扱いを中止するなどの取り組みをしていました。一部ですが、有機農業など安全性にこだわる生産者と直接契約して野菜やくだものを購入したりもしています。もともとが消費者の組合組織ですから、食品の安全性には敏感でした。

そういう組合に加入し、機関誌なども読んでいた母は、なるべく安全なものを食べさせようという意識を持ったのだと思います。

また、母は田舎の出身です。田舎では、梅干しや味噌《みそ》、漬けものなど何でも手づくりすることが当たり前でした。私が子どものころは、田舎の祖母から、梅干しやこんにゃく、もちや柿など、祖母がつくったもの、畑で採れたものがたくさん届きました。私は今、毎年梅干しを漬けていますが、そのはじまりは、祖母の梅干しを食べて育ったことでした。

2　農村暮らしから引き継いだもの

農山村の暮らし

次は、母から聞いた昭和二十年代の農村の暮らしをたどっていきましょう。都会は第一章でみてきたように、明治以降、外国からさまざまな食べ物や食文化、経済のしくみが入ってきて、食生活も変化しましたが、農業を営む田舎は江戸時代から長く続く生活スタイルを残してきました。

やがて高度成長期が始まると、その生活も大きく変わっていきますが、昭和二十年代は田舎が変わる前の最後の時期です。しかも戦争で空襲も受けず、食料基地として重要な役割を担った、ある意味で田舎の黄金時代でした。

私の母は一九三九（昭和十四）年、広島県の山村に生まれました。一九五五（昭和三十）年、高校進学のため広島市へ出た母の同級生には、集団就職で兵庫県姫路《ひめじ》市や大阪府堺市の織物工場へ行った人も多かったそうです。広島県は面積の七十パーセントを山地が占めているため、昔は貧しい村が多く、移民をたくさん出しました。高度成長期になると、都会にいくらでも仕事があると、出て行く人が大勢いました。

広島県だけでなく、全国からたくさんの人が都会に行くため、農村は過疎化が深刻になっていきます。都会に職を求めた人たちの中には、出稼ぎが目的の一家の大黒柱もいました。若い男性の働き手を都会に取られているので、農業はじいちゃん、ばあちゃん、母ちゃんによる三ちゃん農業だと言われました。

それが成り立ったのは、農業の機械化が進んだからです。トラクターや耕運機があれば、力仕事は機械に任せられます。農薬や化学肥料も大量に使うようになったので、草取りなどのきつい仕事もへりました。しかしそれは、さまざまな問題を含むものでした。

機械は仕事をらくにしてくれましたが、とても高価で借金返済のために働かなければならない人がたくさんできました。機械化を進めにくい棚田や段々畑が中心の山間部ほど若者が出ていき、やがて限界集落となって平成の時代に社会問題となります。

農薬は散布する人の体を害し、農薬を吸った人たちの体を壊し、土を汚しました。育った作物にも問題がありました。その害は、先ほど紹介した『複合汚染』で広く注目され、有機栽培に取り組む農家と、支える消費者のネットワークができ始めます。

しかし、母が育った昭和二十年代はまだ、そういう変化が起こる前です。

広島県は日本の縮図のようなところです。山も海も都会もあります。瀬戸内海に浮かぶ大小百四十二もの島々は熊本市の気候と同じぐらい温暖で、中国山脈の奥深いところでは、北海道旭川市ぐらい寒い豪雪地帯です。山地の高いところは標高千メートルを超えるため、壮大な渓谷を急流の川が流れ、いったん大雨にあうと大きな災害をもたらします。

昭和初期の暮らしを掘り起こした『日本の食生活全集　聞き書　広島の食事』（農文協）という本があります。この本を参考に、急激に変わる前の暮らしをたどってみましょう。

島々には「耕して天に至る」と言われた段々畑があります。さつまいもや除虫菊《じょちゅうぎく》、みかんなどの商品作物を中心に栽培していました。急斜面の畑での仕事はきつく、水運び、薪拾いなどの重労働があります。でも、豊かな海の恵みで、天然の牡蠣《かき》やあさり、たこ、小魚などを海岸で獲る季節の楽しみがありました。また、出汁じゃこを買って毎日のようにに何かのおかずに使って食べています。

本州の沿岸部では、海苔《のり》や牡蠣を養殖しています。冬場は夜中から冷たい海に入っての作業が続きます。牡蠣は酢牡蠣にしたり、塩煮、しょうが煮、土手鍋、牡蠣飯などにして食べます。「七度洗えば鯛《たい》の味」と言い習わされた小イワシは、刺身やなます、酢漬け、ぬたなどにしていました。

農村部は自給自足が基本ですが、気候や土地の条件によってつくるものも食生活も違っていました。中部台地は県内一の穀倉地帯で、酒どころです。そういう地域ではふだんは麦飯ですが、お客があるとコメを食べました。コメがほとんどつくれない島々ではさつまいもや麦が主食。朝は蒸しいもです。東部の高原地帯では、麦飯のほか、雑穀が入っただんごをよく食べます。西部の山間部ではそばをつくり、雑穀をまぜたご飯を食べ、もちにも雑穀やくず米などを混ぜました。昔の農村はこのように、白いコメのご飯はふだん食べるものではありませんでした。

収穫の秋

ここからは母の子どものころの暮らしの話です。名前を秀子《ひでこ》といいました。秀子が育ったのは、広島県北西部の筒賀村《つつがそん》（現在は安芸太田市《あきおおたし》）というところです。広島市に流れ込む太田川の支流、筒賀川が流れ、少し北へ行けば日本屈指の豪雪地帯、さらに山を越えて行けば日本海に面した島根県浜田市へとつながります。ときどき浜田市から魚や出汁じゃこ、わかめ、昆布などを行商に来る人がいました。魚はめったに食べられないごちそうでした。

海軍で働いた祖父は、昭和の初めに村へ戻り、精米業を経て戦後の復興期に材木商になりました。ときどき広島市へ車で出かけ、仕事のついでに買いものをしてきました。魚を買ってくるときもあれば、りんごやみかんを買うときもありました。母の秀子は、原爆による瓦礫《がれき》が残る町に連れて行ってもらうこともあったそうです。一回り年上の姉さんがアイスキャンディーを買ってくれ、食べ過ぎてお腹をこわした思い出を話してくれました。

商売をしていても、食べるものは基本的に自分たちでつくります。家の前の畑では採ってすぐに使うかぼちゃやきゅうり、トマトなどを育て、少し離れた山の畑ではだいこんやじゃがいも、さつまいも、金時《きんとき》にんじん、たまねぎ、白菜、広島菜など保存できる

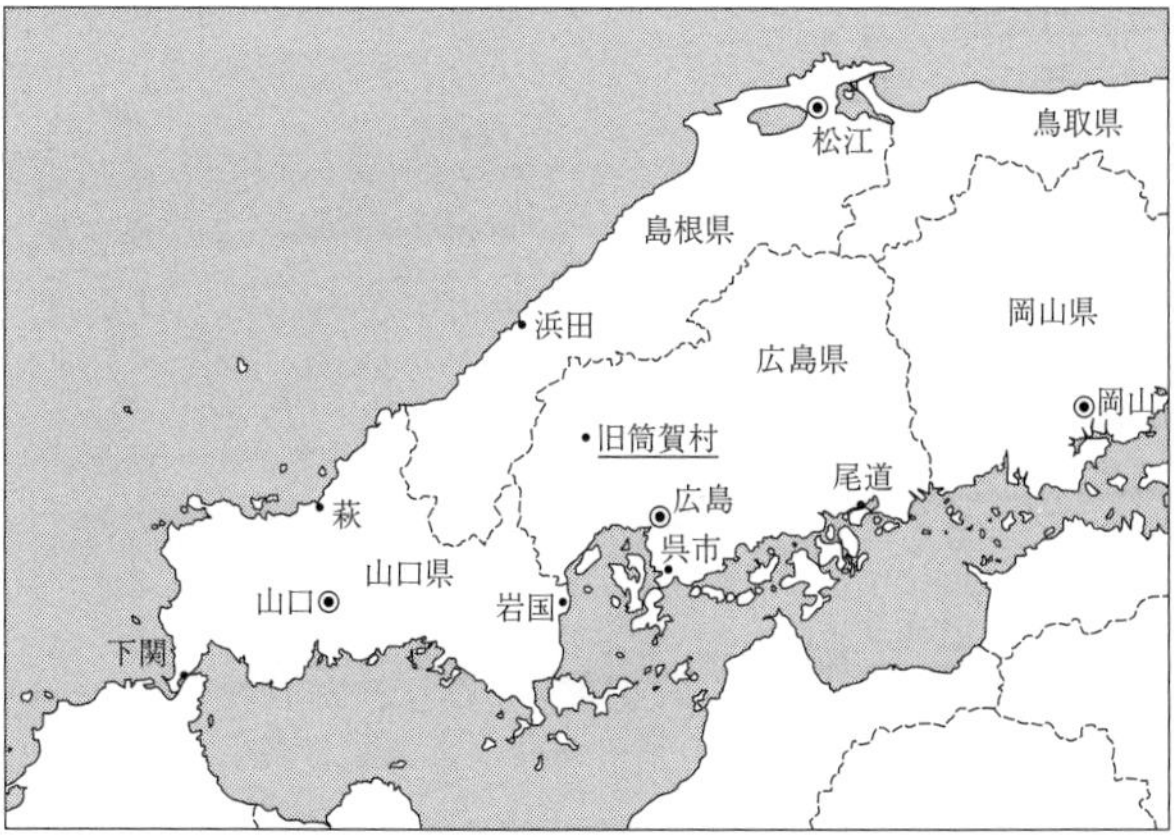

筒賀村は山間部にあり、面積の9割が森林で林業で栄えた

野菜を育てました。秋にこれらの野菜を家族総出で掘り出し、あるいは切り取って大八車に載せ、押して帰るのが楽しみだったそうです。

秋の楽しみといえば、栗《くり》拾い、きのこ採りがあります。高度成長期に杉などの住宅用の木を植える前は、映画『もののけ姫』に出てくるたたら製鉄が栄えた名残りか、製鉄用の炭に適したくぬぎやならなどがたくさん植えてありました。栗や栃《とち》の木もたくさんあり、秋はいがから転げ落ちた栗の実をたくさん拾うことができたそうです。

栃の実を食べるには、何度も水にさらしてアクを抜く手間がかかる作業が必要なので、秀子の家ではめったに食べませんでした。やがて栃粉が売られるようになり、一九七七（昭和五十二）年の正月に私たち家族が行ったときは、栃粉を混ぜた茶色い栃もちを食べさせてもらいました。栗より香ばしいその味は、今でも忘れられません。

十月の末に家族総出の稲刈りが終わると、氏神様に収穫を感謝する秋祭りが始まります。神社に屋台が出て、夜通し神楽《かぐら》が奉納されるにぎやかなお祭りです。集落ごとに祭りの日が違うので、親戚や友達の家に泊まり合うのも楽しみでした。

十一月末には、浄土真宗の祖師、親鸞《しんらん》をしのぶ永代経法要《えいたいきょうほうよう》の報恩講《ほうおんこう》が行われます。一八七二（明治五）年に浄土真宗となるまで、この地域では教団を門徒宗《もんとしゅう》と呼び、信仰心の厚い人々は安芸門徒と呼ばれました。戦国時代に毛利軍が織田信長の軍勢を相手に十一年も粘った際に、兵糧を送って支えたのは安芸門徒でした。門徒宗で一番大きなお祭りが報恩講です。

この日は、黒塗りの漆器で昆布やごぼう、にんじん、さといも、だいこん、こんにゃくが入った煮しめ、だいこん、にんじん、鯖《さば》のなます、呉汁《ごじる》、さつまいもでつくったきんちゃくなどの精進料理が出されます。秀子は、大豆をすりこ木ですりおろしてつくる呉汁が大好きでした。

昔はこのようにお寺や神社と関わる行事が多く、人々は信仰を大切にしていました。筒賀村は柿も多く生《な》りました。おやつにするほか、なますや漬けものにも入れる干柿づくりは、家族みんなで夜なべする楽しい仕事でした。柿畑から枝ごと切ってきた一斗《と》分もの渋柿を縁側に山積みし、へたの先をT字型に残して枝を切る人、皮をむく人、枝を縄の網目に挟み込む人にわかれて作業します。枝ごと切るのは、剪定《せんてい》を兼ねているからでした。柿一個分ぐらいずつ間隔を空けて二十個で一連つくり、軒先に吊るしておきます。このようにして、農村の風物詩はつくられていました。

もちとお正月

正月行事は、年末のりんごやみかん、伊達巻《だてまき》などの買い出し、正月料理づくりから始まります。毎年つくるのは、黒豆、だいこんなます、結び昆布やにんじん、ごぼう、れんこんが入った煮しめ、押しずしなどです。押しずしは行事のたびにつくりました。

大晦日《おおみそか》の夜は除夜の鐘をお寺でつき、その足で神社へ回って初詣《はつもうで》をします。眠って目を覚ますとお正月。新しい洋服を着て、厳《おごそ》かな雰囲気の中、その年の健康を願って干し柿とお茶をいただくのです。お茶は庭に植えたお茶の木からつくった自家製でした。

冬の一番の楽しみはもちつきです。もちは三回つきました。一回目は正月の準備で、十二月三十日につきます。日にちがはっきりしているのは縁起担《かつ》ぎのためで、二十九日は「苦をつく」というのでよくないし、三十一日ぎりぎりもよくないとされています。朝四時からもち米を蒸してつくります。

私たちが行った一九七七（昭和五十二）年には、よくテレビなどで見る、横臼と長い柄のついた横杵《よこきね》で伯父たちがついてくれましたが、母が育った時代は足踏み式の唐臼《からうす》を使っていました。臼は土間に埋めてあり、柄の長いシーソーみたいな杵が差し掛かっています。杵の端に人が立ち足で踏むのです。もちろん、こちらのほうが作業はラクでした。

祖母はこの臼を使ってときどきこんにゃくもつくりました。こんにゃくいもをつくる農家から買って、蒸して皮をむき、臼でつきながらぬるま湯を混ぜ、アクを加える。形を整え茹でて中まで火を通す。半ば趣味のような家事でした。でも、手づくりはおいしい。母はときどき送ってもらえる、祖母の手づくりの丸いこんにゃくが大好きでした。

この唐臼でつく正月用のもちはもち米だけの白いもちと、よもぎを混ぜた緑色の二種類で、手で丸めてつくる丸もちです。栃粉を石臼で挽《ひ》いたのがあれば、栃もちもつくります。一部はお重に入れて寺に奉納しました。

二回目は二月の初め、一年で最も寒い時期につきます。そのころは一番乾燥する時期でもあり、カビが生えにくい。寒もちと呼んでこの時期につくるものは、丸もちのほか、長く伸ばして半分乾いたときに包丁で切る、のしもちです。黒大豆を入れた豆もち、よもぎもち、食紅で染めた赤いもち、そして白いもちの四種類がありました。

最後は四月三日の旧暦のひな祭りのときです。ひしもちにするために、赤、白、緑のもちをつくり、残った分はあられやかきもちにしました。もちがすっかりなくなるころには、山村にも遅い春がやってきます。

山の恵みと田植え

裏庭では白色レグホンや名古屋コーチンなどの鶏《とり》を飼っていました。獣医学部を出た秀子の兄の趣味です。来客があれば、つぶして鶏すきや煮ものにします。両脚をつかんで頭を切り落とし、血抜きしてから羽を焼き切って切りわけると、もうどこから見ても鶏肉です。

ふだん料理に使ったのは卵です。春や秋にはよく産みました。卵を取ったり餌をやるのは、秀子の役目。貝殻をくだき、刻んだ菜っ葉、ぬかと混ぜたものをやります。仲が良かった弟と、一度部屋で卵を孵《かえ》したことがあるそうです。私の叔父にあたる弟は茂行《しげゆき》といいます。

茂行は料理が好きでした。台所に入り浸って母や姉たちが料理する様子を眺め、つくり方を聞いたりしました。それは大人になって結婚してから大いに役立ちます。今でも叔父は毎年白菜を漬けますが、ぬかと塩、とうがらしが入った白菜漬けはさっぱりしてとてもおいしいです。

秀子は遊び疲れた帰りしな、野良仕事をする両親が通りかかった弟を見つけ大声で呼んだ姿を目に焼きつけていました。夕日を浴びた野良着姿の母親が、「茂行、目玉焼きつくっといてよ」と叫びます。茂行も「はい、はーい」と元気な声で答えました。

秀子は山へきのこや山菜を採りに行くのが好きな子でした。遊びがてら栗を拾ったり、野いちごを食べたり、口の中が紫色になる黒い桑いちごを食べるのも楽しみでしたし、スミレや山吹、リンドウ、ヤマユリなど季節の花を眺めるのも大好きでした。

どこに何が生えているかは、友達から教えてもらいました。そのうち、あそこの栗の倒木には白くてかさが五センチメートルもあるしめじが生える。あの腐った木に群がるのはしいたけと、自分なりの地図ができていきました。

六月になればわらびやぜんまいも採れます。わらびは陽《ひ》だまりの草原や山の斜面に顔を出すシダの新芽です。葉っぱがまだ開いていない、高さ三十センチぐらいが採りごろ。ぜんまいは、くるくると巻いた丸い芽に白い綿帽子がついているぐらいがよく、岩肌や湿地に五～六本固まっていました。ぜんまいはかつお節や油揚げと煮るとおいしいのです。

四月から五月にかけて、河原や斜面、畑のそばなどの陽だまりに、いっせいによもぎが芽を吹きます。その新芽を採ってくることもありました。

四月の一番の楽しみは、旧暦に合わせた三日のひな祭りです。小高い丘の木と木の間

豊穣祈願の行事「花田植え」に登場する、さんばいさんと早乙女さん
（写真提供／東広島市自然研究会）

に万国旗をわたらせ、重箱に入った花見弁当を持って子どもたちが集まります。雪が溶けて桜のつぼみがピンク色になり、梅がきれいに咲いていました。重箱には、海苔巻き、押しずしが一段目、紅白のかまぼこ、卵焼き、こんにゃく、煮豆、だいこんの煮しめが二段目に入っていました。

次の楽しみは六月初めの花田植えです。田楽《でんがく》といって、田植えがお祭りなのです。飾り立てた大きな牛たちが泥田の中を歩き回って代掻《しろか》きを行い、その周りでは男たちが一列に並んで腰に太鼓を吊るして打ち鳴らします。そして、絣《かすり》の着物に赤いたすきをかけ、すげ笠をかぶった早乙女姿の女性たちが歌を歌いながら苗を植えていきます。

その苗を司る神さまは「さんばいさん」と呼ばれていました。うやうやしく神さまを迎え、つつがなく植えつけて天災、病虫害に侵されず豊作になるよう祈るのです。神さまが降臨するとされている田植えは、農作業の中で最も神聖な仕事でした。

子どもたちの楽しみは、そのときに配られる、きなこをまぶしたおにぎりの「さんばいさん」でした。朴《ほお》の葉で包んだ食べる「さんばいさん」も秀子は大好きだったのです。

人を迎えるお盆

夏は野菜がたくさん採れる季節で大忙しです。秀子もしょっちゅう、夕食の支度をする母親から、「トマト採ってきて」、「かぼちゃ採ってきて」などと頼まれました。

田んぼの草取りもあります。中学生になると、夏休みのうち二～三回は草取りの仕事を命じられました。押し車を押して稲と稲の間を行ったり来たりする間に、土がほぐれ、草の根が掘り起こされるのです。そして、その後は雑草が生えにくくなります。

夏の一番の行事は八月十三日夜の迎え盆に始まり、十六日の送り盆で終わるお盆です。

都会に出た兄姉たちも戻って、そろって墓参りも行きました。筒賀村で先祖を迎える盆灯籠《とうろう》は、人の背丈ほどもある篠竹《しのたけ》の上のほうを六つ割りにして広げ、赤、青、黄、緑などの色紙を貼った朝顔形をしています。初盆の人は白一色です。

仏壇には朱塗りの高坏《たかつき》の盆に、そうめん三把《わ》としばだんごを載せてそなえます。このあたりの人は、山帰来《さんきらい》（サルトリイバラ）の丸い葉二枚で挟んだしばだんごのことを、柏《かしわ》もちと呼びます。全国各地の柏がない地域では、この葉を使った柏もちがけっこうあります。

それから、行事ごとでは欠かせない押しずし。押しずしをつくる地域は西日本各地に広がっていますが、大きさや形、具材は地域によってさまざまです。筒賀村では、細長い深めの木枠の底に、小さく切った薄焼き卵、桜でんぶ、木の芽やセリなどの飾りを入れてすし飯を深さ半分ぐらいに詰め、にんじんやごぼうなど野菜を細切りにした煮しめを入れ、もう一度すし飯を詰めてふたをギューッと押し出してつくります。酢が入ったすしは日持ちがするので、一升、二升分まとめてつくり、お盆の間じゅう食べました。

一年間でまわす台所

季節で採れるものが決まっていた自給自足の山村では、食べものは一年間のサイクルでまわしていました。それを采配するのが、一家の主婦の仕事でした。

冬は収穫するものがほとんどなく、六月に漬けた梅干し、秋の終わりに漬けた白菜などの漬けもの類、山菜やきのこを干したもの、だいこんを切ってつくった切り干しだいこんなどの乾物が頼りです。だんごの材料にする米粉や大豆からつくるきな粉は、夜なべ仕事として石臼で挽いておきます。

それからもち。二月につくった寒もちは、コブタという畳より一回り小さい四角い木箱に入れ、寒い二階に置いて保存します。コブタは、押しずしをつくって入れておいたり、行事ごとで使ったたくさんの塗りのお椀を乾かすときにも使えるので便利でした。

冬は味噌づくりもします。大豆を一晩水に漬けて戻し、柔らかくなるまで煮て唐臼でつぶします。それを桶《おけ》に入れてコメこうじを混ぜます。塩と煮汁も混ぜて表面を平らにして、和紙などで隙間のないようふたをし、一年寝かせるとできあがりです。でもふつうは二年、三年と寝かせて食べました。

昔の田舎には冷蔵庫もなければスーパーもありません。筒賀村にあったお店といえば、造り酒屋によろず屋、魚屋、荷物を届ける馬車屋ぐらい。豆腐をつくって売る家や、蚕《かいこ》を育てて絹糸をつくる家もありました。よろず屋が根菜を扱い、農協が野菜販売を始めたのは、一九六〇（昭和三十五）年ごろからです。それまでは、天候不順で作物のできが悪くなるなど、何かあったときの頼りは保存食でした。

戦中戦後は農村でも食べものが不足していました。秀子も、りょうぼ飯やだいこん飯を食べた時期を覚えています。子どもたちがまずいと不満を言うと、父親に「食いとうなきゃ、食わんでええ」と一喝《いっかつ》されました。村に疎開してきた人や大陸からの引揚者がいた時期です。

りょうぼは、楕円《だえん》形の先のとがった葉っぱの若葉で、田植えの前に山へ行って摘んできます。大鍋で茹でてアク抜きをし、底に簀《す》を敷いた容器に入れて重石を載せます。水分が切れたところでむしろに広げて乾かし、もみ潰けして粉にしました。明治時代は常備した救荒食《きゅうこうしょく》でしたが、秀子が子どものころは、食糧不足のこの時期しか食べませんでした。

混ぜものをした麦飯や雑炊が白いコメのご飯になったころから、村は豊かになっていきました。

家じゅうが食料保存庫

食べものを保存する場所は、家じゅうにありました。一番たくさん入っているのは母屋《おもや》の隣にあった二階建ての土蔵です。

かめに入った梅干し、味噌、樽《たる》に入った漬けもの類。麻のどん袋に入った山菜類、干しいも、かち栗、干しよもぎ、お茶の葉、大豆、小豆、砂糖の空き缶に入った干ししいたけ、干ししめじ。分厚い紙の袋に入った上新粉に小麦粉。

幅一間分（百八十センチ）で、天井まである大きな木の「セイロ」という米櫃《こめびつ》もあります。正面下部に引き上げ式のふたがあり、かんぬきを開けて上げると、コメがザッと出てくる仕掛けです。醬油も樽ごと置いてあり、ときどき上のふたを開けてカビが生えた上澄みを捨てました。干し柿も天井からぶら下がっており、はしごで昇って取ります。

切り干しだいこんも袋に入っています。だいこんはたくあんにもしますし、畑に穴を掘って積み重ね、上をワラで覆って土をかけて埋めておいたものを、冬中使っていました。

醤油と小麦粉以外は田畑でつくったもの、山で採ってきたもの、そして自家製です。

蔵の奥に納屋があります。一九五〇（昭和二十五）年ごろまで、そこは農耕用の牛がいる牛小屋でしたが、耕運機が普及して、牛はいらなくなっていったのです。このころから、花田植えもなくなってしまいました。秀子が華やかな祭りを見られたのは、ほんの数年だったのです。

牛がいなくなった納屋には、農機具やじゃがいも、わらを入れました。わらは縄や、山菜を干すときなどに使うむしろ、ぞうりなどをつくる材料でした。母屋の陰になった壁には、一面にたまねぎが干してあります。細長い葉っぱごと収穫して二個ずつしなびた葉先を結び、四個をひとつつなぎの束にして竿《さお》からぶら下げておくのです。こうしておくとたまねぎは一年中使えました。

かぼちゃは、蔵に入れておいたり廊下の隅っこの暗いところに転がしておきます。納屋は冷えすぎるからよくないそうです。さつまいもは、居間の床板を外してはしごを降りる床下収納にたっぷり入っていました。もみがらを敷き詰めた間に入れておくのです。

ふだん使うものは台所の戸棚に入っています。出汁じゃこ、昆布、醤油、酒、みりん、砂糖、食用油、野菜などです。台所は土間です。手前に囲炉裏を切ってある居間。向かい側の通路に唐臼の置き場所がありました。

井戸（ポンプ）、流し、調理台が並び、奥に二つかまど（くど）があります。七輪は庭に持ち出して使えるので、うなぎなど魚を焼くのに便利でした。真ん中にある大きな水屋に食器が入っていました。箱膳も入っています。箱膳にめいめいの食器を入れておき、食べた後は洗ってそこへ戻すのです。献立が限られていた当時、ふだん使う食器は多く必要ありませんでした。

食事は、ご飯に味噌汁、根菜などが入った煮もの、ひじきと油揚げの煮もの、菜っ葉と油揚げの煮ものなど。かまどの一つでご飯を炊き、もう一つに汁もの、煮ものをつくる鍋がかけてあります。菜っ葉の煮ものには、よく出汁に使ったじゃこが入っていました。魚の苦い味が秀子は苦手でしたが、栄養があるからと食べさせられました。あとは漬けもの。一汁一菜の簡素な食事でした。

かまどの番は子どもが最初に覚える家事の一つでした。杉の葉を焚《た》き口に敷き、その上に細い薪を四～五本並べる。マッチで杉の葉に火をつけ、お湯が沸騰してきたら、しばらく待って薪をかまどから全部取り出し、灰が入った消し炭つぼに入れてふたをする。消し炭は七輪や囲炉裏に使いました。薪は父親や兄が割っては軒下に積み上げておきました。

囲炉裏のある居間に箱膳を並べて食事したのは、一九五〇年ごろまで。牛を売ったころに父親が部屋を模様替えしたのです。囲炉裏は掘りごたつにし、床下収納はふさいで、台所の隣に板の間をつくってダイニングテーブルを置きました。都会では明治の半ばごろから座卓のちゃぶ台が普及し、高度成長期からテーブルへと変わっていきますが、秀子の家ではちゃぶ台の段階抜きでテーブルへと変わったのです。

このころ、農村ではGHQの号令で農林水産省が指導した、台所改善運動が広がっていました。土間の暗い台所は煙がこもりやすく不衛生であり、立ったり座ったりする家事は重労働だと指摘されたのです。

祖父が海軍にいたときに、広島市や神戸市などの都会で暮らしたせいか、母の家の台

昭和20年代の家の間取り（1階部分）

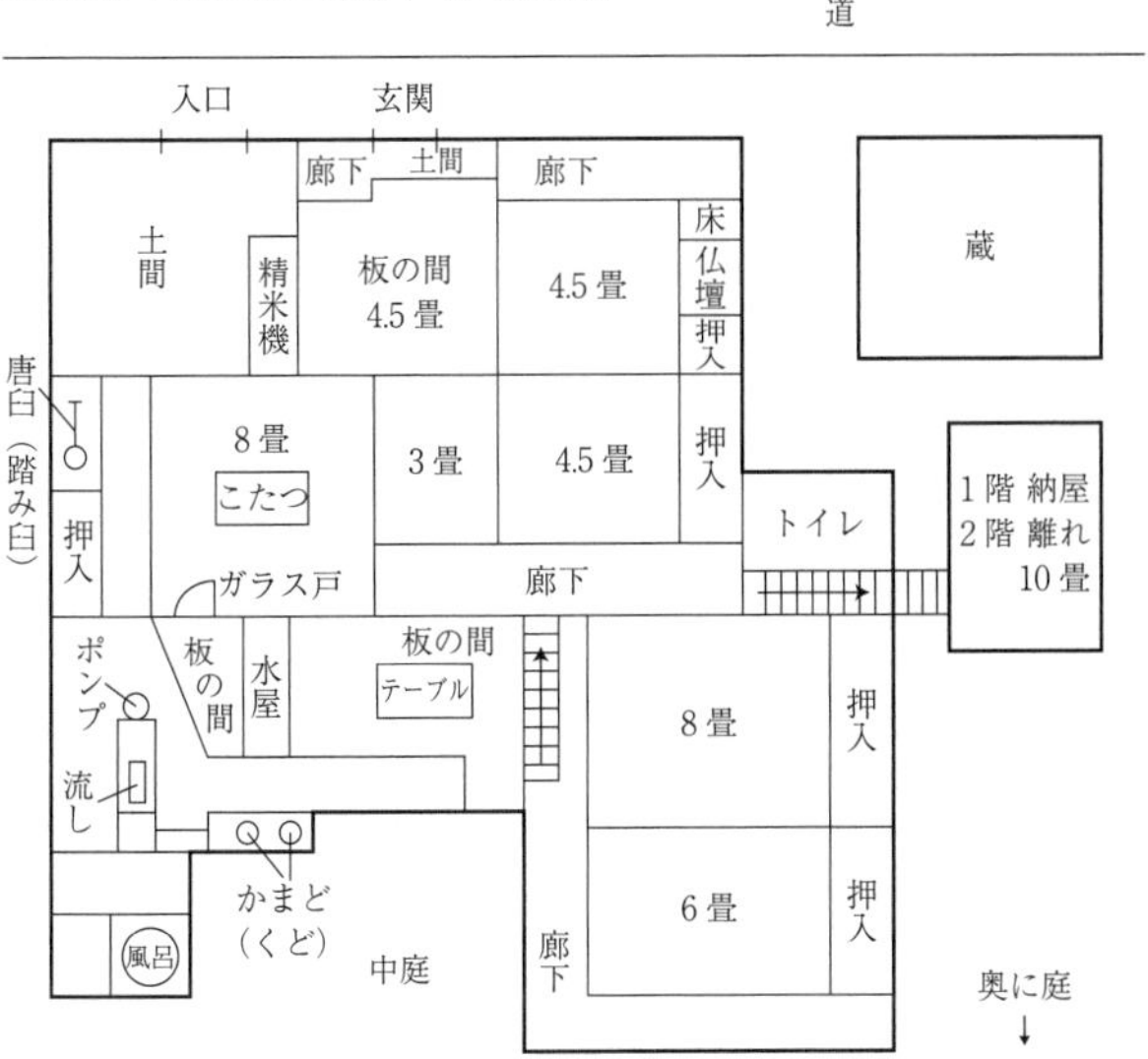

台所と食堂・居間

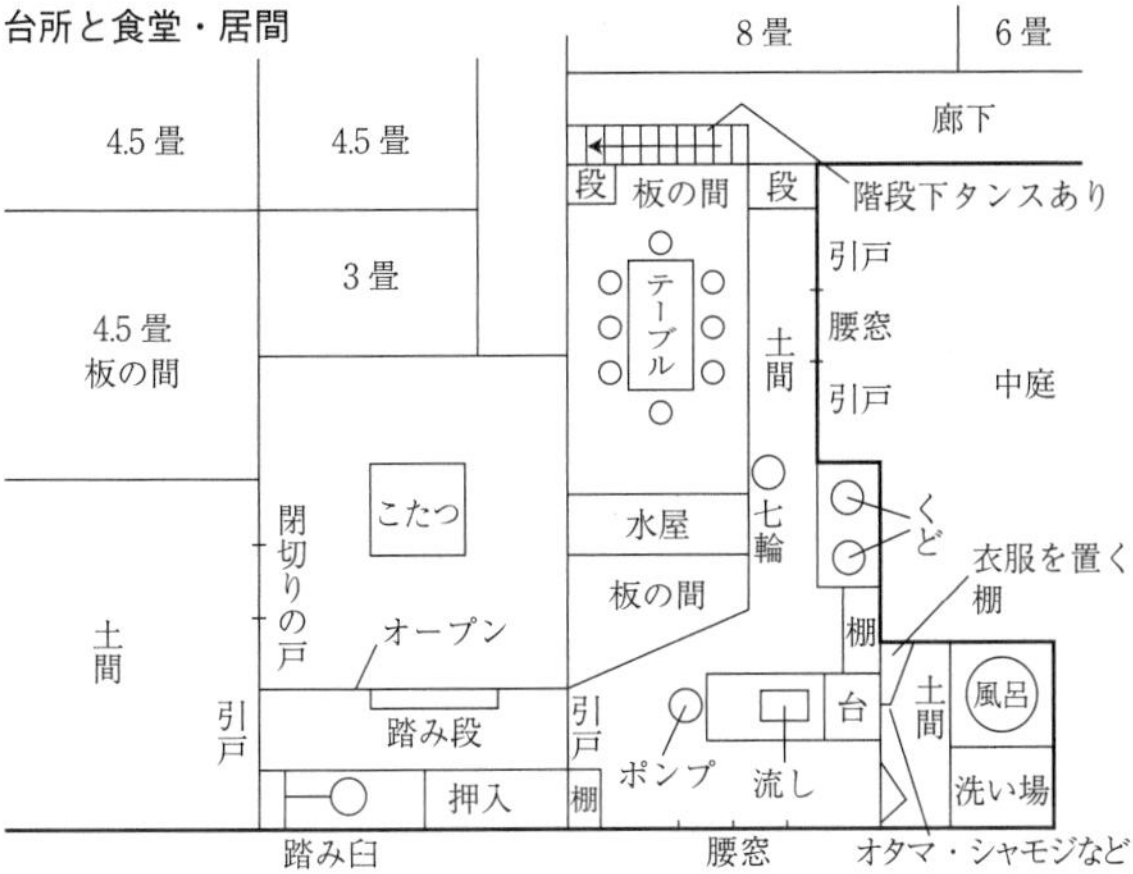

所には立ち流しがありましたが、ふつうの農家ではしゃがんで脚つきのまな板で野菜を切っていました。また、家に井戸がなく水汲《く》みに行かなければならないところもたくさんあったのです。

台所を改善する一番大きな仕事が水道を引くことでしたが、筒賀村で全戸に上水道が引かれたのは、一九五八（昭和三十三）年とずいぶん後になってからでした。お金がかかる水道は後回しにして、まずかまどをタイル貼りなどに替えたところが多かったのです。

水道を引いたころに父親は家に再び手を入れ、台所は板の間になり、ステンレスの流しが入って近代的になりました。プロパンガスも使うようになり、かんたんに使える火と水のおかげで、兄嫁は、姑《しゅうとめ》である私の祖母よりらくに台所を使えました。炒めものも気軽にできるようになったのです。

田舎の昔を振り返ってみると、私たちが思い浮かべる和食は、自給自足でかまどの台所を使う生活の中で受け継がれてきたものだとわかります。火力が弱いかまどで中華料理はできません。主婦も農作業で忙しいため、すぐにできる味噌汁や火にかけておけばできる煮ものが中心になります。つくる野菜もそういう料理に向いていていました。

母が食べてきたものと、主婦になってつくったものがずいぶん異なるのは、環境の変化も影響しています。何しろ、都会のマンションには、一年分の漬けものをつくったり保存する場所がありませんから。

3　外食大好き

家族で行く百貨店食堂

私が子どものころ、大好きだったお出かけ先の一つが百貨店でした。母親が鏡台の前で念入りに化粧をし、父親はスーツを着る。私と妹はよそ行きの服に白いタイツを合わせ、子ども用のハンドバッグを持って、ワクワクしながら電車に乗って出かけます。

買いものが済むと、最上階の百貨店食堂へ。和洋中何でもある中から、蕎麦《そば》やハンバーグを選ぶ。幼いころに一番好きだったメニューはお子様ランチでした。料理がカラフルだし、プレートがかわいいし、プリン型で抜いたケチャップライスには、つまようじに巻いた外国の国旗が突き刺してあるのです。

百貨店は昭和の時代、都市近郊に住む中流の人たちが家族連れで行く代表的な行楽先でした。百貨店食堂は、そんな家族が気軽に入れる洋食の店で、オムライスやカレーライスの味をここで覚えた、という人も多かったのではないでしょうか。何しろちゃんとしたレストランは、子どもの客を敬遠していましたし、値段もとても高かったのです。

高度成長期には、家族連れの行き先はターミナル駅周辺に次々とできた地下のショッピング街へも広がっていきました。たとえば、東京駅地下の八重洲《やえす》地下街は、一九六九（昭和四十四）年から開業しています。

地下街といえば大阪です。最初に地下街が発達したのは大阪でした。大阪は当時日本第二の規模を誇る都市でしたが、東京と比べて平野部がとても狭く、都心は狭いところに集中していました。車社会になると、繁華街でも安心してショッピングが楽しめるように、と暗かった地下道を次々とショッピング街に変えていったのです。

日本最初の本格的な地下街は一九五七（昭和三十二）年、地下鉄・近鉄・南海のターミナル、難波《なんば》駅にできたナンバ地下センター（現NAMBAなんなん）です。その後、

百貨店の食堂は家族連れで大にぎわいだった（1955年頃の銀座）
（写真提供／毎日新聞社）

一九六三（昭和三十八）年に国鉄（現JR）・阪急・阪神・地下鉄の駅が集まる梅田にできたウメダ地下センター（現ホワイティうめだ）などが続きました。

私たちの家族は、よく阪急梅田駅地下に広がる阪急三番街を利用しました。この地下街ができたのは一九六九（昭和四十四）年です。地下なのに人工の川が流れ、噴水もあります。その両脇にお好み焼き屋、うどん屋、洋食屋、中華料理店などが並んでいます。店の前のショーケースには蠟細工《ろうざいく》でできた料理のサンプルが並んでいて、その中からお気に入りの料理を選ぶのです。

私と妹は食べものの好みが違い、どの店

に入るかでよくもめました。二人して「おうどんが食べたい」、「私はハンバーグがいい」と譲らないのです。

広島市に住む母方の伯母の家に泊まっていたときも、外に食べに行こうとなったときに二人の意見が食い違い、ケンカになってしまいました。いとこのお姉さんが、「じゃあ、アンデルセンへ行こう。あそこなら何でもあるから」と広島市一の繁華街、八丁堀へ連れて行ってくれました。百貨店の大食堂のように華やいだ店には和洋中何でもそろっていて、妹はうどんを、私はハンバーグを選び、みんなでニコニコしながら食べました。アンデルセンはパン屋です。ベーカリーレストランとしては先駆けだったのではないでしょうか。

戦後にできたアンデルセンが、老舗百貨店のようなルネッサンス様式の建物だったのは、戦前に建った旧三井銀行の被爆建物を使ったからでした。パンなどを扱う売店やレストラン、喫茶店からなる店がオープンしたのは、一九六七（昭和四十二）年でした。

ファミレスができた

百貨店食堂など家族連れが行ける店があるのは都心で、買いものをしたり、映画を観《み》に行くついでに、お昼ご飯を食べる楽しみがありました。

ところが、一九七〇年代から一九八〇年代にかけて、新しい形態のレストランがふえ始めました。ファミリーレストラン、略してファミレスと親しまれています。

ファミレスのビジネスモデルは、アメリカで展開するチェーンレストランに習ったものので、系列店は同じ外観、インテリア、メニュー、サービスに統一し、コストを抑えています。郊外の幹線道路沿いで、車に乗っていても遠くから確認できる背の高い看板と広い駐車場を用意し、家族連れを受け入れました。制服を着たアルバイトのウエイトレスに案内され、広い座席に座ると、ラミネート加工された大きな写真入りメニューが一人ひとりに配られます。主なメニューは、ステーキ、ハンバーグでした。

このころ、庶民にとってごちそうといえばステーキで、少し前まではビフテキとも呼ばれていました。どちらもビーフステーキを略した言葉です。戦後はとにかくアメリカが憧れの対象でしたから、分厚い肉をアメリカ人みたいにナイフとフォークで食べてみたいと思った人は多かったのです。憧れの対象になったのは、それが高いからでもありました。専門店に行けば一枚数千円もするステーキを、ファミレスは千円台～二千円台で提供したのです。

ハンバーグはもう少し安く、千円前後でした。大根おろしとキノコのソテーが載った和風ハンバーグや、とろりと溶けたチーズが載ったチーズハンバーグもありました。ハンバーグもステーキも、じゅうじゅう焼ける鉄板を敷いた皿に載っていて、熱いまま食べられるのが売りでした。

私たちの家族は、ステーキを格安の九百八十円から提供したダイエー系列のフォルクスや、神戸屋が開いたパン食べ放題のベーカリーレストランへよく行きました。どちらも車で十分あまりと近かったからです。

週末、夕ご飯をファミレスへ行って食べるようになったのは、これらの店がうちの近くにできた一九八〇年代、私が中学生になってからです。でも、何しろ近所ですし、他に寄る場所もないので、特におめかしはしませんでした。日常空間にあるファミレスでは、百貨店食堂に行くときほどの高揚感を味わうことはなかったのです。

当初は、ステーキなどの洋食を提供する店が多かったファミレス業界にも、やがて和食を出す店、中華料理を出す店などバリエーションが出てきます。回転ずしのチェーン店も登場しました。

小学生のころ、一度、駅前にできたすし屋へ父に連れて行ってもらったことがあります。ふだん家で食べる刺身では見たことがない、赤貝やヒラメなど珍しいネタがあるのに興奮して次々注文し、父を慌《あわ》てさせました。もちろんそれらが高いからです。板前さんが握る、値段が書いていないすし屋は、特別なごちそうの店でした。それが、明朗会計で安い回転ずしチェーンがふえて家族連れが行く店になりました。

大量生産方式のチェーン店の登場が、庶民には敷居が高かった外食を、週末ごとに行ける気軽なイベントに変えていったのです。

楽しいマクドナルド

もう一つ、昭和育ちの世代が外食を気軽なものとして受け入れたきっかけが、ファミレスと同じころに登場し、都心からふえ始めたファストフード店でした。

高校生になると、私は部活帰りなどに友達と連れ立ってマクドナルドへ行きました。

チーズバーガーとコーラがお気に入りでした。一九八四（昭和五十九）年に登場したチキンマックナゲットも、おやつとしてよく食べました。

チキンといえばケンタッキーフライドチキンです。マクドナルドより少し高いケンタッキーは大学生になってから行くようになりました。アルバイトをするようになり、少し懐《ふところ》が豊かになったからです。二ピースのチキンとコールスローサラダをドリンクと頼む。スパイシーな味わいが家のから揚げと違ってやみつきになり、その後就職してからも、取引先の会社からの帰り、ケンタッキーに寄り道してはチキンを食べて一休みし、素知らぬ顔で会社へ戻ったものです。

営業職として働くようになってから、一人で昼食をとる機会がふえました。平気で店に入れたのは、十代からファストフードやファミレスに行き慣れていたからです。バブル期、焼き鳥屋などそれまで男性が通った店に、オヤジギャルと呼ばれた働く女性が進出していました。ファストフードやファミレスが登場したことは、それまでエスコート役を必要としていた女性たちに、気後れせず一人で店に入るという行動を促したのではないでしょうか。

その少し前の一九八二（昭和五十七）年、中学生のときに大人なしで喫茶店に入った体験があります。その日、遊ぶ約束をしていた友達の一人が急に遅れることになり、先に来ていた友達と駅前の喫茶店に入って待つことにしました。重い扉を開けるには勇気が必要でした。落ち着いた店内で大人たちがくつろいでおり、中学生の私たちは明らかに場違いです。ドキドキしながら頼んだレモンスカッシュを、ひたすら黙って飲んだのを覚えています。大人と子ども、男性と女性で住む世界がはっきり違った時代でした。

イタ飯ブーム

郊外にファミレスがふえた一九七〇～一九八〇年代、都会にふえてきていたのが、本場で修業してきたシェフが開くフランス料理店でした。選択肢ができたこと、経済的に豊かな人や働く女性がふえたことを背景に、グルメブームが始まりました。

フランス料理といえばグルメの代名詞です。一九八三（昭和五十八）年、青年マンガ誌でグルメマンガの『美味しんぼ』が始まり、うんちくを語りたがる若者がふえていきました。一九八〇年代後半、バブル景気で若者の懐が豊かになると、クリスマスイブの夜にフランス料理店で食事をし、シティホテルに泊まるデートが流行《はや》りました。赤坂プリンスホテルなど都心にある有名ホテルは、クリスマスイブはカップルの予約でいっぱいだと噂《うわさ》されていました。

高級シャンパンのドン・ペリニヨンや、鴨《かも》料理で有名な高級フランス料理店、トゥールダルジャンなどの名前を聞いたのもこのころでした。大学生だった私はクリスマスのフランス料理デートには無縁でしたが、イタリア料理店には行ったことがあります。

イタリア料理はフランス料理ほど値段が高くなく、バターなどの動物性脂をふんだんに使うフランス料理より、野菜が多くオリーブオイルなど軽い植物油を使うので食べやすい、と人気が出てきました。イタ飯ブームです。

香りが高いオリーブオイルも、ズッキーニも、バジルも、私はイタリア料理店でその名前と味を覚えました。さまざまな女性誌で、オリーブオイルの健康効果が謳《うた》われてすすめられ、ハーブの育て方や料理での使い方が盛んに紹介されました。

女性誌といえば、グルメブームの立役者の一つ、一九八八（昭和六十三）年に創刊された首都圏情報誌の『ハナコ』（マガジンハウス）があります。関西でも『ハナコ』を片

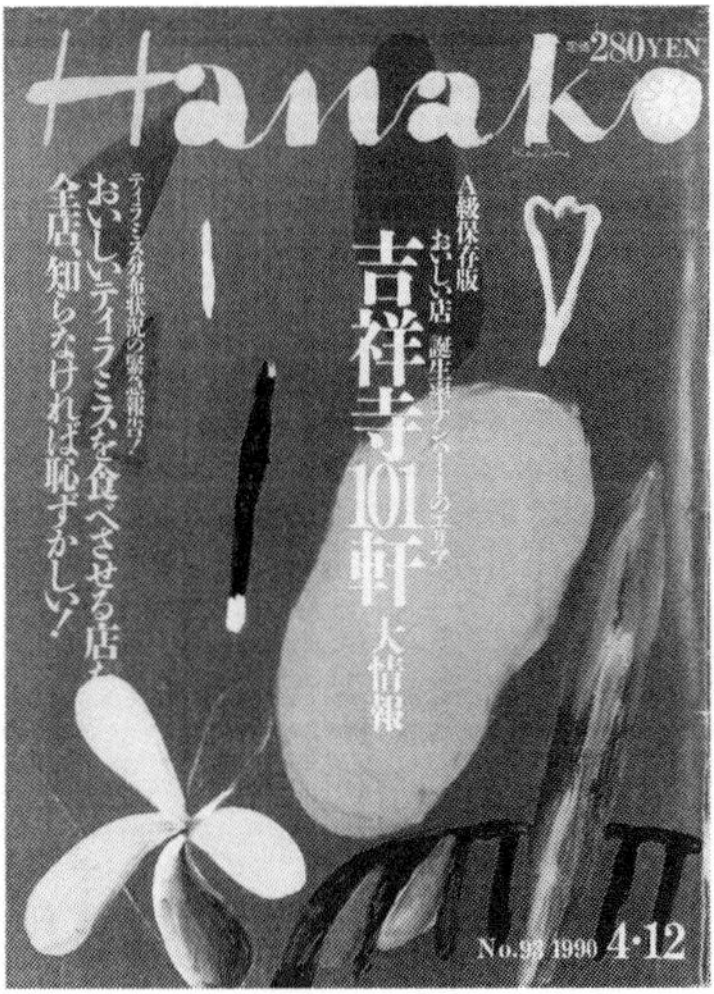

表紙には「おいしいティラミスを食べさせる店を全店、知らなければ恥ずかしい」とある

手に街を歩くハナコ族の噂が聞こえていましたし、二年後には『ハナコ　ウエスト』が創刊され、同年登場する『東京ウォーカー』（角川書店）などの外食店紹介を中心にした情報誌が流行る先駆けでもありました。

『ハナコ』が火をつけたブームが、イタ飯ブームから派生したティラミスブームです。イタリア料理のデザートだったのが、ファミレスでも提供され、アイスやチョコレートなどのお菓子にティラミス味が登場するほど大人気でした。

『ハナコ』は一九九〇（平成二）年四月十二日号で、八ページにわたって二十店のイタリア料理店で出されるティラミスを紹介しています。特集のタイトルは「イタリアン・デザートの新しい女王、ティラミスの緊急大情報　いま都会的な女性は、おいしいティラミスを食べさせる店すべてを知らなければならない」。お菓子愛好家の村山なおこ氏は『ケーキの世界』（集英社新書）で、乳業メーカーや油脂メーカー、商社などが関わってティラミスブームを盛り上げたことを書いています。メディアや業界の仕掛けでブームは大きくなったのです。

企業の思惑はどうあれ、多くの人がブームにのった事実は、新しい味覚の時代が始まったことを表していました。ティラミスは、それまで日本人が好きだった、生クリームを挟んだいちごショートケーキなどのスポンジケーキとは違っていたからです。

ティラミスは、マスカルポーネチーズが入ったムースに、エスプレッソをしみ込ませた薄いスポンジをはさみ、ココアパウダーをまぶしたものです。苦味がアクセントになるクリーミィで濃厚なデザートは、ケーキの常識を変えました。

その後、カヌレなどの独特の粘りがある食感のお菓子や、メレンゲとアーモンドパウダーでつくるカラフルなマカロン、カリッと皮が硬いシュークリームなど、新しい食感、新しい味、新しい色の洋菓子が次々と人気になり定着していきます。今や若者に人気のスイーツといえば、濃厚でクリーミィなものが珍しくありません。油脂が多いのです。バターが臭いと嫌われた明治の時代から百年あまりで、日本人の味覚はずいぶん変化していました。

スイーツという言葉は、デパ地下人気がきっかけで火がついたスイーツブームの二〇〇〇年代初めに定着した、お菓子の新しい呼び方です。なぜケーキでなくスイーツなのか。それはこのころ、アジア料理が人気となり、杏仁《あんにん》豆腐やタピオカドリンクなど、アジア発のデザートや飲みものが人気になっていたからです。今や和菓子も含め、甘いものはまとめてスイーツと呼ばれるようになっています。日本人は、今や世界の味が好きなのです。

エスニック料理の登場

アジア料理の人気が急上昇したのは、一九九〇年代半ばから二〇〇〇年代初めにかけてです。ナンで食べるスパイシーなインド料理、独特の芳香のパクチーとココナッツ、トウガラシ、くせのある魚醤《ぎょしょう》のナムプラーを使うタイ料理、そして、タイ料理と使う食材は似ていますが、マイルドな味わいのベトナム料理。

テレビドラマの韓流《はんりゅう》ブームで注目が集まった韓国料理、ナシゴレンが人気のインドネシア料理、ハンバーグなどがご飯に載ったロコモコなどで知られるハワイ料理、牛肉の串焼きのシュラスコが知られるブラジル料理、肉をローストしたケバブが屋台で人気の中近東料理、世界最小のパスタ、クスクスを使ったタジン鍋料理が人気の北アフリカ料理。世界各国の料理が次々と紹介され、レストランなどの飲食店がふえていきます。

この世界の味を、食べやすくアレンジして提供したのが、カフェです。カフェは一九九〇年代後半からふえた新しいスタイルの飲食店でした。カフェブームと言われたのが、ちょうど各国料理が流行った二〇〇〇（平成十二）年ごろです。

カフェは、喫茶店のようにコーヒーや紅茶などのソフトドリンクを中心にする店、アルコールを一日中いつでも出すバーのような店、ワンプレートで出す食事を中心にする店などがあります。センスのよい空間で、メニューを手書きした黒板を店の前に出して、おしゃれに、そして居心地よく過ごせるように工夫した店が目立ちました。

カフェ飯といって当時ブームになったのが、世界各国の調味料や食材を組み合わせた独特の無国籍料理です。ひじきや切り干し大根のサラダ、帆立と枝豆の炊き込みご飯、アボカドとマグロの丼、チリコンカンなどでした。お子様ランチみたいにワンプレートに盛りつけられ、雑穀ご飯か白いご飯かを選べたりします。

ファミレスの料理はパンをつけるかご飯かを選べますが、どちらかといえばパンが合う洋食でした。カフェ飯はくせのある外国の食材もご飯に合う味つけにしてあります。古臭いと思われがちな昔ながらの食材も、新しいアレンジで若者の目を引きました。カフェの料理は、平成の新しい和食なのかもしれません。

洋食や中華料理が都市部の中流層に広がるまで約半世紀、戦争を挟んで国民的人気になるまで約百年かかったのに、アジアやアフリカの料理がなじむまではあっという間でした。

それは、人々がすでに洋食や中華で油脂やスパイス、ハーブの味をある程度知っていたからです。外食の敷居が低くなり、自分でつくれない料理も、気軽に食べることができました。円高の後にやってきたバブル景気をきっかけに、海外へ旅行したり、住んだ経験のある人もふえています。本場の味を知っている日本人が珍しくなくなったのです。

世界の味を紹介した代表は、デパ地下でした。二〇〇〇年に渋谷駅に直結した東急東横店の地下がリニューアルしてデパ地下ブームと言われたときに、銀座のベトナム料理店、サイゴンが出店して注目を集めています。野菜や春雨、ミンチなどを巻いて揚げた中華料理の春巻きしか知らなかった日本人に、もちもちしていて透明な米粉の皮でエビやきゅうりを巻いたベトナム料理の生春巻きは、とてもおしゃれに映りました。米粉を使った麺《めん》に鶏肉や牛肉をのせて食べる、フォーとともに定着しました。

東急東横店はほかにも、人気の店をたくさん出店させました。初日は終日身動きもできないほど大混雑で、二〇〇〇年度の売上は前年比一・五倍にもなったそうです。その後、新宿伊勢丹、阪急梅田店、大丸東京店など都心の大きな百貨店のリニューアルが続き、そのたびにデパ地下が話題になりました。

デパ地下という言い方は、二〇〇〇年ごろに定着した言葉です。それまでは単なる地下の食品売り場で、百貨店での買いもののついでに寄る場所と思われていました。しかし、ブームのきざしは一九九〇年代に始まっていました。

共働きの女性がふえ、都心にあるオフィスから帰る途中に食材を買うため立ち寄るようになったのです。デパ地下には惣菜《そうざい》も売っています。今日は疲れたから惣菜にしよう、という買いもの客も少なくなかったでしょう。何しろ名店が目白押しなのです。

そんな土壌があったところへ東急東横店のリニューアルがあって、一気にメディアの注目を集めたのです。それ以来、デパ地下には話題の飲食店が出店するようになりました。流行の店の味を知りたい、とわざわざ惣菜を買いに行く人もふえ、人々はすっかり外の味に慣れていきました。

売られている惣菜や弁当を総称する「中食《なかしょく》」という言葉が定着したのは、平成の初めごろです。それは中食が、すっかり日常のものになったからでした。

4　メディアが描く食のかたち

『オレンジページ』の革新

今や繁華街には蕎麦屋やラーメン屋と並んで、インド料理店やパスタ・ピザの店があります。スーパーには惣菜コーナーがあって、てんぷら、ひじき煮、ピザ、生春巻きなどが並んでいます。駅前には弁当屋やファストフードの店。住宅街のあちこちにコンビニがあって、惣菜が充実している。農産物直売所や道の駅にも食堂や惣菜コーナーがあります。外で食べ、料理を買うことが簡単になった時代に、家の食事はどうなっているでしょうか。

コンビニやファミレスが全国に広がった一九八〇年代の出来事から話を始めましょう。一九八五（昭和六十）年、画期的な生活情報誌が登場しました。『オレンジページ』です。このころ、伝統的な主婦雑誌は売れなくなり、一九九〇（平成二）年前後に四大婦人誌のうち三誌が相次いで廃刊されます。主婦の心得などを紹介する雑誌より、求められるようになっていたのは今日の献立のヒントでした。

料理レシピを中心にカラー写真をふんだんに使う『オレンジページ』は、たちまち女性たちの心をつかみ、続いて『レタスクラブ』、『エッセ』などの料理中心の生活情報誌が次々と創刊されました。

これらの雑誌はスーパーのレジ横に置かれ、買いもののついでに買っていく人もいま

表紙に料理写真がならんだ「おいしさいっぱいツナ缶クッキング」の特集号

す。何しろ、『オレンジページ』はダイエーが、『レタスクラブ』は西友が発行元でした。スーパーで買い揃えられる食材で、手軽につくれるアイデアを満載した雑誌が、重宝されないわけがありません。創刊当時、『オレンジページ』は月刊誌でしたが、一九八八（昭和六十三）年十月には月二回発行になっています。

　人気急上昇中だった一九八八（昭和六十三）年の『オレンジページ』から誌面の特徴を拾い出してみましょう。

　一月号はうどんと雑炊、三月号はキャベツ特集。六月号はツナ缶、七月号はカレー、十一月二日号は卵特集。リーズナブルな料理ばかりです。ツナ缶特集は、煮ものや炒めもの、サンドイッチにスパゲティなどが出てきます。料理法自体は珍しくありませんが、味つけや組み合わせる食材に変化をつけていて、ツナ缶料理にこれだけバリエーションがあるのかと驚かされます。かぼちゃと醬油煮にしたり、ネギや青じそなどの香味野菜でたたき風にしたり、赤唐辛子をきかせたトマトソースのスパゲティにする。この号に出てくるツナ缶料理は、二十三種類もあります。

バリエーションが広がったのは、グルメ時代を反映して食材や調味料の種類がふえたからでした。本格的な中華料理に関心が高まった時期でもあります。チンゲンサイなどの野菜のほか、豆板醬《とうばんじゃん》、オイスターソース、甜麵醬《てんめんじゃん》などの調味料が初期の『オレンジページ』では盛んに紹介されました。スパイス、ハーブも使います。味のバリエーションを提案できる環境が整ってきたのです。

高度成長期の『主婦の友』は、混ぜて挟んで揚げる、こねて包んで焼く、炒めて混ぜてオーブンで焼くなど、手間をかける料理がたくさん紹介されていました。近代的な新しい台所を手に入れ、新しい料理に挑戦する専業主婦を対象にしていたからです。

一九八〇年代になると、パートを含め外で働く主婦がふえています。彼女たちには時間がありません。夕方大急ぎで帰ってきて、お腹を空かせて待っている子どものために、手の込んだ夕食はつくっていられないのです。しかし、いつも同じでは飽きられる。そんなときに役に立つのが、シンプルな調理法で、レパートリーをふやしてくれる『オレンジページ』でした。

主婦の時間が少ないことを考慮して、十五分で朝ご飯、三十分で夕ご飯といった特集もよく組まれました。めんつゆなどの加工調味料も駆使し、焦げつきにくいテフロン加工のフライパン、電子レンジなど、かんたんに使えるものは何でも紹介します。

かんたんな料理を紹介したもう一つの理由は、料理の基礎が身についていない人がふえてきていたからです。一九八八（昭和六十三）年七月号ではアジのおろし方を十六枚のプロセス写真で説明するなど、写真を駆使してコツをわかりやすく紹介しています。

その理由を、創刊時の料理部門チーフだった川津《かわつ》幸子《ゆきこ》氏が自著『100文字レシピ』（新潮文庫）で次のように書いています。「今は昔と違って、だれもがある程度料理の技術を身につけているわけではないのです。『こんな手間のかかることやっていられない』。

そんなみんなの声が聞こえてきそうです」

主婦は、料理が苦手になってしまったのでしょうか。その謎を解く鍵は「世代」です。

昭和育ちの世代論

昭和は変化が激しい時代でした。戦争があり、高度成長期がありました。いつ生まれて育ったかで、価値観がまるで違うことがあります。特に女性の変化は大きい。

昭和ヒトケタは、女性は男性に従うもの、と子どものころに教えられました。やがて主婦となるべき女の子は、幼いころから家の手伝いをさせられ体で家事を覚えていきます。しかし、本格的に料理を学ぶべき十代は戦争と重なり、家事どころか学徒動員で働き勉強もろくにできませんでした。和食を中心にした食生活をベースに持ちつつ、知識や家事能力にコンプレックスを抱いています。

昭和十年代生まれは、育ち盛りが戦中戦後です。特に都会で育った人たちは、常にお腹を空かせた子ども時代を過ごしていました。料理をちゃんと教われなかったという思いを持つ人は少なくありません。敗戦による価値観の大転換と戦後の民主主義を感受性豊かな十代で体験し、古いことより新しいことがよいと考える世代です。

昭和二十年代生まれは、戦争を起こした大人たちへの不信感をベースに持ち、新しいものがどんどん生まれる時代の中で育ちました。生まれたときから民主主義の時代ですから、男女同権のはずなのに女性が差別されるのはおかしい、と反発を強く抱いた世代です。お兄ちゃんや弟と違って自分だけが家事を手伝わされることに、不満を抱いた人もいます。

世の中の価値観が混乱する時代に育った昭和前半生まれは、若い人に向かって自分の考えが正しいと強く言う自信がありません。ベテラン主婦ですが、家事に関して伝えるべきものを持っていないのではないか、と内心不安を抱いている人も少なくないのです。

昭和三十年代生まれは昭和ヒトケタの娘世代です。お手伝いが当たり前で育った最後の世代で、料理をある程度教わった人たちもいます。昭和後半世代では、比較的和食になじみがあります。

昭和四十年代生まれは、昭和十年代生まれの娘です。女性が社会で活躍する可能性が広がり始めた社会で、お手伝いより勉強を優先させる子ども時代を送った世代です。母親はバリエーション豊かな洋食を整えていました。

昭和五十年代生まれは、いわゆる団塊ジュニアです。子どものときにバブル期を経験し、回転ずしからイタリア料理までさまざまな外食を日常的に食べて育っている世代です。家事を押しつけられることに不満を抱いた母親に育てられていますから、料理を含め身の回りのことをあまり教わらずに育った人が少なくありません。

和食から洋食、世界の味と世代が下がるにつれ、体験した料理の世界が広がっています。反対に家事の技術は、伝達されなくなっていきます。もちろん家庭によって状況は違いますが、大きくみるとこんな流れです。『オレンジページ』は、主婦たちの家事能力が下がっていく時代に、手軽な料理法を伝えて支持されたのです。

加工食品の時代

レシピ以上に手軽な料理を提供したのは、加工食品でした。高度成長期から、次々と新しい加工食品が登場しています。加工食品は保存ができますし、すでに味つけがしてあったり、ほとんどできあがっているものもあります。忙しい主婦の頼もしい助っ人として登場した、加工食品の歴史には、それぞれ時代の必然がありました。

一九五八（昭和三十三）年、インスタントラーメンが登場。この時期、味噌汁、コーンスープ、コーヒーなどのインスタント食品が次々と出たので、『週刊朝日』は、一九六〇（昭和三十五）年十一月十三日号で「インスタント時代です」という記事を出しています。

冷凍冷蔵庫が普及し始めた一九六〇年代後半には、冷凍食品が次々と出てきます。クリームコロッケ、コロッケ、ハンバーグ、シュウマイ、ギョーザ、エビフライなど、この時期人気が出た、ひと手間かかる料理がさっそく加工食品になっています。

一九六八（昭和四十三）年には初のレトルト食品、大塚食品のボンカレーが登場します。三年後には丸美屋《まるみや》食品工業が麻婆豆腐《まーぼーどうふ》の合わせ調味料を、一九七八（昭和五十三）年には味の素が、麻婆豆腐や八宝菜、酢豚、えびチリなど六種類の本格中華の合わせ調味料を出します。

レトルト食品は、あらかじめ味つけしてあるので、自分で調味料を組み合わせる必要がありません。中華料理はグルメブームの一九八〇年代、最初に日常化した外食でした。

レシピを学ばなくても、かんたんに外食の本格的な味を真似できる。やがて、外食の味を再現する加工食品がふえていきます。

一九八五（昭和六十）年には、ハウス食品から、電子レンジでつくれるレンジグルメ二十三品目が出ます。赤飯、おかゆ、カレーライスなどの料理のほか、蒸しパンやケーキなどのお菓子もありました。

電子レンジは、普及に時間がかかりました。家庭用電子レンジが発売されたのは一九六五（昭和四十）年ですが、ご飯を温める以外の用途がないのに値段が高い、と敬遠されていました。一九七七（昭和五十二）年にオーブン機能つきのオーブンレンジが出て、ケーキを焼く目的もあるから、とようやく広がったのです。普及率が四割を超えたころ、電子レンジ対応食品が生まれました。

一九九四（平成六）年には、ニチレイから電子レンジ対応のコロッケなどの揚げものが出ます。ヘルシーさと手軽さがうけて、揚げものは電子レンジ対応食品が主力になっていきました。平成の今、油の始末が面倒だから、と揚げものをつくらない人は珍しくありません。

こうして振り返ってみると、加工食品はおいしいものを食べたいけれどつくれない、という人々の欲求に応えてきたことがわかります。つくり方がわからないという人もいます。誰もがレシピ本を買って学ぼうという積極性を持っているわけではないのです。

料理メディアの和食

もう一つ、加工食品の歴史で気になることがあります。それは和食が少ないことです。今はレトルト食品などもありますが、和食は基本的につくり方を知っているのが前提とされてきたのではないでしょうか。でも、皆さんはもう、若い世代ほどなじみがなくなっていることにお気づきですね。そのことにいち早く気づいたのは、料理を教えるメディアでした。

『主婦の友』は一九六四（昭和三十九）年、「新婚料理教室」というシリーズを企画しています。オーブン料理やサラダなど、当時の若い女性が好きそうな企画もありますが、ガスロースターを使った魚の焼き方、煮もののつくり方なども紹介しています。

十月号の「新婚料理教室」の、「煮物で家庭の味を」と題した記事をみてみましょう。

煮魚や「さといもの煮つけ」、「小松菜とあぶらげの煮びたし」などを紹介する五ページ分の最初の二ページは、解説の文章が中心です。冒頭にこんな文章があります。

「〝たまにはうまい煮物でも食べさせてくれよ〟と、ご主人にいわれたことはありませんか。とんカツやフライはお得意でも〝煮物までは〟というのが最近の若奥さまの傾向です」

このページを担当している料理研究家は、おふくろの味を教えると人気があった河野《こうの》貞子《さだこ》です。一八九九（明治三十二）年生まれ、高度成長期に新婚だった昭和前半生まれの母親世代に当たります。

この時代に、「おふくろの味」という言葉を考え出したのは、一九二一（大正十）年生まれで大阪に拠点を置いた料理研究家、土井勝《まさる》です。テレビで『きょうの料理』が始まった一九五七（昭和三十二）年から長年テレビや雑誌で活躍した人気料理研究家で、教える料理は煮ものや焼きもの、和《あ》えものなどでした。この人の料理本を台所に置いて、困ったときは開くという女性が大勢いたものです。

同じ時代に活躍した、一九〇四（明治三十七）年生まれの辰巳《たつみ》浜子《はまこ》は東京の出身です。

長年主婦としてつくり続けた和食を紹介しましたが、『きょうの料理』では、台所に立つ心構えから教える厳しさが姑のようだと人気が出ました。母と同じくしつけ役の出番が多い娘の料理研究家、辰巳芳子《よしこ》氏が二〇〇八（平成二十）年に復刻した『娘につたえる私の味』の元の本は一九六九（昭和四十四）年に出たもので、季節の和食をていねいに教えています。この本も、家庭に常備していた人は多いのではないでしょうか。

どの先生の教え方も厳しい。それは教えるのが和食だったからでしょう。家庭で伝えるはずの文化が伝わっていない。自分の出番がそういうところにあることに、明治・大正生まれの先生たちは違和感を覚えることがあったかもしれません。

しかし、説教をされると若者は反発しがちです。積極的に学ぼうとした人たちがいた一方で、「めんどくさそうだから」と敬遠した人も多いのではないでしょうか。それに、和食はお母さんやお姑さんみたいに上手にできない、と引け目を感じてあまりつくらなかった人もいたかもしれません。何しろ当時、新しい料理だった洋食や中華は、あっという間に人気の家庭料理になったのですから。

敬遠される出汁

和食が継承されない問題に一石を投じたのも、『オレンジページ』でした。一九八八（昭和六十三）年十一月一七日号の特集は「みんな大好き和風のおかず　おばあちゃんの味」です。お母さんをうるさがる若い娘も、おばあちゃんの言うことなら聞くかもしれません。

この号では、筑前煮やきんぴらごぼう、ひじきの五目煮、切り干し大根、いわしの梅煮といった定番の和食が次々と登場します。筑前煮に使う手綱《たづな》こんにゃくやごぼうの乱切りは、写真入りで解説があります。

一九九〇（平成二）年一月二日／一七日合併号では「肉や魚がおいしさの素。おばあちゃんの味に負けないうちの煮もの」という特集を組み、出汁を使わない煮ものが並びます。「牛シチュー用肉と里いも」、「鶏骨つき肉とじゃがいも」、「たらとほうれん草」、「豚バラ肉と白菜の重ね煮」など、素材自体にうまみが含まれる料理です。特集の最初にこんな文章があります。

「煮もの上手になりたい！　でも、まず昆布と削り節で『だし』をとって……なんて考えて、おっくうになっていませんか？」

このころ、『オレンジページ』を参考にしたと考えられるのは、昭和三十年代生まれぐらいでしょう。すでに出汁は面倒なもの、難しいものと思われていたのです。

出汁のハードルをさらに上げたのは、テレビです。料理対決を格闘技に見立てて一九九〇年代に一世を風靡《ふうび》したバラエティ番組『料理の鉄人』は、プロの厨房《ちゅうぼう》にテレビカメラが積極的に入るきっかけをつくりました。テレビなどでプロの料理人の技を紹介する機会がふえ、和食も専門店の本格的な技が披露されるようになりました。

そういう場面で必ずといっていいほど出てくるのが、大きな昆布をゆっくり煮て、たっぷりのかつお節を入れてざるで漉《こ》してつくる、濃い黄金色の出汁です。昆布もかつお節も煮立ててはならず、タイミングをきちんと計らなければなりません。煮干しは、頭とワタを取ってあらかじめ水につけておかなければなりません。なぜなら苦味やエグみが出てしまうからです。

確かにお店で出される澄んだ出汁がベースの椀物《わんもの》、吸いものには、ちょっとしたエグみ、苦味が命取りになるかもしれません。でも、家庭の煮もの、味噌汁などにそこまでの厳密さが必要でしょうか。家族はわずかな苦味にも敏感なのでしょうか。

私の母が育った昭和二十年代、祖母がつくる料理には出汁を取った煮干しが丸ごと入っていました。タンパク源が貴重だった時代、頭とワタを取るなんて面倒なことはしていなかったのです。また、一九八〇年代から二〇〇〇年代まで第一線で活躍した料理研究家、小林カツ代は母と同世代の一九三七（昭和十二）年生まれの大阪育ちですが、お母さんがつくるかつお昆布の出汁のおいしさの秘密は、出汁を取った後のかつお節をギューッと絞ることだったと書いています。

もちろん、昔から煮干しの頭とワタを取っていた人、昆布を煮立たせないで引き揚げて出汁を取っていた人もいるでしょう。それは家庭によって違っていたのです。

しかし、高度成長期になると、料理研究家によってメディアで紹介された料理法が、直接あるいは間接的に口コミで伝わるようになりました。すると、料理研究家によって伝えられる「正しい」料理法を覚えるか、無理だからその料理自体をやらないという方向にわかれていきます。

どの料理研究家に学ぶかも大きい。小林カツ代を師と仰ぐ人は、かつお節を絞るかもしれませんが、別の料理研究家から昆布を煮立たせない方法を学び、「今日もうっかり煮立たせてしまったから、私は料理が下手だわ」と思っている人もいるでしょう。

出汁をとることを敬遠する傾向は、企業が出した出汁やつゆの消費量がふえ続け、一九九四年に醬油の消費量を上回ったことからわかります。かつお節メーカーのにんべんが「つゆの素」を出したのは一九六四（昭和三十九）年、味の素が「ほんだし」を出したのは、一九七〇（昭和四十五）年でした。昭和世代はこのころからずっと、既成品の出汁と歩んできたのです。

しかし、和食を教える料理研究家は、今も一生懸命出汁の取り方を伝えます。文化を伝える意気込みもあるでしょうが、もう一つの理由は、出汁を取る技術が実は難しくなく、やってみると料理がおいしくなることを伝えたいからではないでしょうか。

よりかんたんな和食の技術を伝えようと奮闘した『オレンジページ』の川津氏は、先ほど紹介した『100文字レシピ』で、反発心もあってあまり使わなかった「正調和風だし」をつくるようになって発見したことがあると書きます。

「同じ料理でも、本物と即席のだしとでは、味の深みというか、複雑さに、歴然と差があることがわかりました」、「ちゃんとだしをとって作ったほうは、野菜の微妙な甘みとか、自然の味が、かえって強調されるようで、じんわりうまみが広がって、静かに体に染みわたる感じ。まさに『しみじみ』という言葉そのもの」

本当のおいしさは、自然のものから伝わってくるのです。しかも、日本の出汁は肉などを長時間煮込んでつくるラーメンや西洋料理の出汁と違って、短時間でつくれます。細かいことを気にしなければ、かんたんに覚えられるその技術は、もしかすると食事をより豊かにしてくれるものだったかもしれません。

ふつうの人の平凡な日常は、大きな事件とは違い、歴史として記録されることが少なく、日々の流れの中に消えていきがちです。しかし、食の歴史はまさに、そういうたくさんのふつうの人たちが日々更新し、積み重ねてできあがっていきます。食の地層を私たちはつくっているのです。

資料に残るものをご紹介した第一章では、古代から近代に至る和食の歴史を、本章では個人の記憶と、同時代を伴走してきた雑誌を使って、昭和から平成の現在に至る歴史を紡ぎました。すると、複雑な事情が絡み合い、和食が家庭の食卓の主役から遠ざかっていったことが浮かび上がってきます。

では、私たちにはこれから何ができるでしょうか。最終章では、和食の問題について改めて整理するとともに、ここまで出てこなかった学校の話もご紹介します。

第三章　和食の今と未来

1　和食の何が危機なのか

遅れた国コンプレックス

日本人は幕末の開国以来、「自分たちの国は遅れている」というコンプレックスを抱いてきました。それは欧米の近代文明と接した驚きから来ています。十九世紀前半から二十世紀にかけて、世界各地で産業革命が起こりました。日本人を恐れさせた黒船は、産業革命後のアメリカでつくられた蒸気エネルギーで動く船で、近代文明の象徴のような存在でした。

欧米諸国はアジア各国を植民地化しており、日本が長年尊敬してきた中国ですら戦争を仕掛けて負かしてしまいました。植民地にされる恐れと、動力を使った文明に追いつかねばならない、と欧米の「進んだ」ものを次々と受け入れていった中に、料理もあったのです。

　西洋料理は、動物性食品を中心に、塩味にハーブやスパイスでアクセントをつけたもので、パンと一緒に食べます。和食は、ご飯を中心に野菜や魚を使い、醤油《しょうゆ》や味噌《みそ》などの発酵調味料で味をつけて食べます。味も構成も、そして多く含まれる栄養素も違う西洋料理を、ご飯に合うようにアレンジしたものが、とんかつやカレーライスなどの洋食です。

　昭和の初めごろまで、庶民の食事は、ご飯に味噌汁、漬けものの和食が中心で、洋食は都会の中流家庭でときどき食卓にのぼるぐらいでした。その生活が大きく変わるきっかけが、第二次世界大戦で徹底的に敗れたことでした。

　日本が外国との戦争で負けたのは、このときが初めてでした。食べるものにも事欠く生活の中で、戦場へ行った人はもちろん、国内にいた人も空襲や飢餓で亡くなり、精神を病んだ人もたくさん出ました。誇りも、暮らしも、家族も奪われた人がたくさんいたのです。

そこへ進駐軍として乗り込んできた戦勝国アメリカは、物質的な豊かさを見せつけました。アメリカの家庭の大きな冷蔵庫に入った牛乳やミートローフなどの映像を観《み》て、憧れた子どもはたくさんいたのです。進駐軍の生活に接し、その近代的でモノが豊かな暮らしに圧倒された大人もいました。たくさんのものを失い、呆然《ぼうぜん》としている人たちにとって、目の前に現れたアメリカの生活は、具体的なビジョンになったのです。

再出発した日本人たちの目標は、アメリカのような豊かな暮らしを実現すること。進駐軍の住まいは、家電や立ち流し式のキッチンを導入するモデルになりました。その後アメリカに学び、スーパーやファミリーレストラン、ファストフードなどの新しいビジネスが日本でも広がりました。

食料の供給は大急ぎで解決しなければならない問題でした。農地には大量の化学肥料や農薬を投入し、機械化を進めてコメや野菜を増産しました。畜産や酪農にも力を入れました。

農村にも、新しい生活スタイルは入っていきました。テレビという映像メディアが家庭に入り、週刊誌などの雑誌もふえ、情報の伝播《でんぱ》は戦前と比べて格段に速くなり、メディアが大きな影響力を持つようになっていたからです。

洋食などの新しい料理のつくり方も、メディアなどを通じて全国に広がります。栄養不足の人々に向かって、タンパク質や油脂をもっと摂《と》ろう、という国のキャンペーンも届きます。そして、高度成長期に家庭を持ったのは、敗戦直後にアメリカに憧れた世代でした。

台所は近代化される。肉や乳製品など、洋食に合った食材の供給がふえる。洋食中心の食事が望ましいと言われる。そして、「古い日本は間違っていた、進んだアメリカに学びたい」と思っている世代が大人になった。食生活が変わらないはずがありません。

敗戦を感受性豊かな年ごろで経験した昭和ヒトケタ、十年代に生まれた世代は、古いことや伝統より、新しいことをよりよいこと、と受け止める傾向があります。それは、勝ち目のない全面戦争へつき進んだ当時の大人への不信感を反映したものに思えます。そして、成長していく時代に新しいものが次々とできて、豊かになったという実感もあったでしょう。

いずれにせよ、親から子へ、姑《しゅうとめ》から嫁へと受け継がれてきた和食中心の食文化は、生活環境が大きく変わったこともあり、この世代で半ば途絶えるのです。

発酵調味料と戦争

和食より洋食が好まれるようになった背景には、味の決め手となる調味料の変化も大きいように思えます。同じ料理でも、醬油を使うと和風に感じませんか。ファミリーレストランの和風ハンバーグは、醬油をソースに使っています。関東は濃口醬油、名古屋はたまり醬油、関西は淡口《うすくち》醬油、九州は甘い醬油と、地方ごとに好まれる味が違う醬油は、日本人にとって故郷の味と言えるでしょう。

和食を支える調味料には、このほか酒、米酢、みりん、味噌があります。これらに共通しているのは、発酵食品だということです。何種類ものアミノ酸が含まれ、複雑な味わいとうま味を持つものです。そして、どれも大量の穀物を使います。酒、米酢、みりんはコメを発酵させる。醬油は大豆と小麦を、味噌はコメや麦、大豆を発酵させてつくります。コメ、小麦、大豆は、炭水化物やタンパク質の供給源で、日本人が食べる主要な穀物です。ですから、食糧不足の戦中戦後は統制の対象になりました。

昭和の後半、日本酒離れと言われた時期があります。飲む酒の選択肢がふえたこともありますが、大量に流通している大手酒蔵の日本酒が、まずいと思われたことが大きな要因でした。当時の酒は水や醸造アルコールを大量に加え、甘味料などの食品添加物が入ったものでした。酒に何種類もの食品添加物を入れるようになったのは、原料のコメが不足していたことがきっかけでした。

同じことが調味料の世界でも起こりました。

小麦や大豆が足りないため、化学的に製造したアミノ酸液で増量した醤油や、食塩水を醤油の搾りかすで着色した代用醤油が出回っていたそうです。

酢は、大正時代から合成酢が出回っていました。石油や石灰石を原料とした氷酢酸《ひょうさくさん》を薄め、食品添加物を加えたものです。戦中戦後はコメを原料に酢をつくることが禁止され、出回る大部分を合成酢が占めていた時期もあります。

安くてかんたんにできる調味料をメーカーがどんどんつくり、消費者はその安さと味に慣れてしまいました。

私は子どものころ、酢のものが苦手でした。うちで使われていたのは、小麦や酒粕《さけかす》、コーン、甘味料が原料の穀物酢。大量に出回っていたものですが、口にすると鼻にツンとくるのです。大人になって自分の台所を持ち、純米酢を使うようになると、酢を使った料理が好きになりました。純米酢はマイルドで、ツンと来ないと感じるからです。

日本の発酵食品は、ニホンコウジカビという日本独自の微生物が、穀物を食べてアミノ酸や糖に分解してできます。それが複雑な味やうま味を生み出すのです。微生物の活動に委ねてつくる天然醸造の醤油は、完成まで半年以上かかりますが、市場に出回っている醤油は天然醸造とは限りません。

いろいろな食品添加物を加えた日本酒がまずいと思われたように、食品添加物を加えたり、熱を加えて発酵を速くした調味料は、深い味わいがないのではないでしょうか。料理をおいしくするのは調味料です。安くて大量に出回っている調味料がおいしくないから、それを使った和食をおいしくない、と思うのではないでしょうか。

昔は食卓につきものだった漬けものも、食品添加物が入ったものが多く出回っています。観光地で売られるおみやげも、スーパーで売っているものも、たいてい食品添加物を加えてつくられています。カビを生えにくくしたり、おいしそうな色をつけ、はっきりした味にするためです。

漬けものは本来保存食です。塩をたくさん使って水分を追い出すことで、腐りにくい状態をつくり出したものだから、冷蔵庫のない時代にも長期間保存することができました。昔の人は、たいていは家で漬けたものを食べて野菜不足の冬を乗り切りました。だから食品添加物は入っていません。それが都市化で生活が変わり、漬けものをつくる場所も技術もなくなり、買うものになっていきました。

一九七〇年代、日本人に多い高血圧の原因として塩分摂取量の多さがクローズアップされ、減塩ブームが起こりました。

たとえば梅干しは、一九七四（昭和四十九）年にかつお節入りの調味液に浸した「かつお梅」が出て以来、減塩梅干しがふえていきました。昔ながらの梅干しは二十パーセント前後の塩分が含まれますが、今の売れ筋は十パーセント前後で、冷蔵庫で保存しなければなりません。かつお節入りの調味液以外にも、さまざまな食品添加物で味を整え保存力を高めた商品が多く出回っています。そういう味に皆が慣れたからでしょう。昔ながらの梅干しの酸っぱさやしょっぱさが苦手、という人もふえました。

漬けものは多く食べるものではありません。ご飯の供として少しあればいい。しかし、その塩分をへらそうとしたことで、本来の保存力が低下しました。保存するためや、落ちてしまった味をよくするために食品添加物が使われています。人工的につくられたその味は、本当においしいのでしょうか。

変わる家庭の台所

和食が好まれなくなったのは、家庭で料理することが少なくなったからかもしれません。素材を味わわせる和食は、インパクトが強くないので、あまり病みつきになるものではないかもしれません。だけど、それを食べて育った人にはホッとする、くり返し食べて飽きない料理です。それは家庭で受け継がれてきたからでしょう。外食や中食《なかしょく》は、たとえば油を多く使いクセになる強い味にしてリピート客を誘うことがよくあります。世界各国の料理があるのでバラエティが豊かですし、常に新しいものが出てくる新鮮さも楽しめます。

「食の外部化率」という言葉があります。年間の食品・食料の支出金額の中で、中食・

外食に頼る割合のことです。農林水産省が試算したもので、調査開始時の一九七五（昭和五十）年には二十八・四パーセントでした。それがその後急上昇し、一九九〇（平成二）年以来四十パーセント台前半を維持し、二〇一〇（平成二十二）年には四十四・七パーセントもありました。食事の半分近くを、お金を出して買ったものに頼っているのです。

学生・生徒や社会人は外食が多くなります。お昼は学校や職場にいますし、大人は食事をして仕事の話をしたりデートする。でも、ふだんのお昼は弁当という選択肢もあります。コンビニや持ち帰り弁当店がなかった昭和半ばまでは、手づくりのお弁当を持って行って食べる人が多くいました。和食には、野菜の煮つけや鮭《さけ》の切り身、卵焼きなどシンプルで時間が経ってもおいしく、液ダレが少ない料理がたくさんあります。弁当をつくらない人がふえたことも、和食離れを促したかもしれません。

第二章で加工食品の歴史をご紹介しました。新しい料理は、加工食品とともに家庭に入ってきた面もあります。

麻婆豆腐《まーぼーどうふ》、回鍋肉《ほいこーろー》、ラザニア、ピザ、ナン、お好み焼き、たこ焼き、パスタ。これら

外食率と食の外部化率の推移

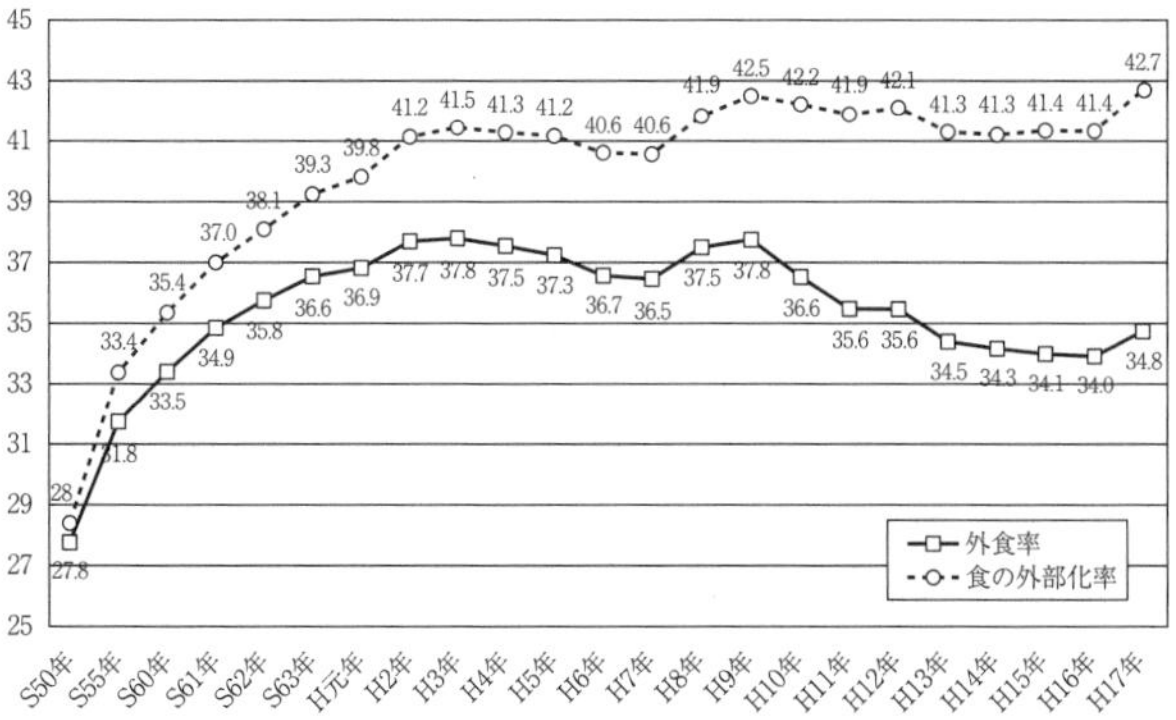

資料：（財）外食産業総合調査研究センター

食の外部化率＝中食・外食産業の市場規模／年間の食品・食料支出額

は皆、レトルト食品や冷凍食品としてスーパーに並んでいます。ひじき煮やきんぴらごぼう、煮魚などの和食も、レトルト食品になってコンビニの棚にあります。買う人にはいろいろな理由があるでしょう。大人になって覚えた味だから、つくり方がわからない。一人暮らしだから量を使わないし、簡単にすませたい。年をとったり病気をしたために、料理することが難しくなった。そもそも料理が苦手だ……。

料理が苦手という人は、どうやらふえています。レシピ本を出す料理研究家は、簡単な調理方法を開発し、編集者は写真やデザインを工夫して、わかりやすく伝えようと努力します。しかし、苦手意識を持つ人の中には、そもそもレシピ本を買おうと思わない人もたくさんいるでしょう。加工食品で出回っている食品の中には、手づくりが難しくない料理もたくさんあります。もしかすると、加工食品が存在することが、その料理を難しいと思わせているのかもしれません。

女性と料理

料理は昔、家庭で教わるものでした。昭和半ばまで、外食は誰でもいつでも気軽にできるものではありませんでしたし、惣菜《そうざい》もあまり売っていませんでした。女の子は、生きていくうえで必須の技術として、家で母親から、あるいは奉公に行った先で料理を教わりました。教わる以前に、台所仕事を眺めて自然に覚える子どもが大勢いました。ままごと遊びは、それだけ食べるものが生まれる仕事に興味をもつ女の子が多いからあるのです。

しかし、第二章の「昭和育ちの世代論」で見たように、昭和になって、料理を覚えずに育った人がふえていきました。

女性が台所仕事から遠ざかった理由の一つは、世代間の伝達がへったことですが、もう一つの大きな理由は女性差別問題かもしれません。女性が社会に出て働き始めたとき、障害になる一つが家事でした。特にサラリーマン社会になって、男性は外で働き女性は家事・育児を任されるもの、という価値観が広がっていました。台所仕事は家事の中心にあって、しかも毎日必要になります。買いものも行かなければなりません。

昭和の時代はともかく、今は共働きのほうが多数派です。働きたい女性はふえましたし、働く場所もふえた。何より、収入面で女性も働く必要があります。しかし、昭和の時代に、家事や育児を妻に任せっぱなしにする企業戦士となるよう男性に要求した企業は、女性が男性と対等に働く時代になっても、長時間働くことを要求します。残業、休日出勤。また、会社の都合で転勤させられることもあります。

平成になって働き続ける女性がふえても、基本的に企業は昭和のやり方を続けていますから、結婚したり子どもがいる女性も、残業を求められます。

仕事で遅くなる人が一番苦労する家事が、料理です。掃除や洗濯は毎日しなくても済みますが、食事はしなければ生きていけません。しかし、仕事が忙しいと家に食材がない、つくる時間がないという問題が起こります。

お腹は空く。子どももお腹を空かせて待っている。だから、中食なのです。惣菜や加工食品は、ちょっと炒《いた》めたり温めるだけで一品できます。並べるだけで済むものもあります。中食は、何より忙しい働き盛りが必要としている食品なのです。

夫と同じように働いているのに、料理の負担が自分だけにかかっている、と感じている女性はたくさんいます。古い価値観が自分を縛っているように思う女性が、苦手とするのが和食かもしれません。

これは私の推測ですが、和食は家父長制社会を象徴しています。男性が家長として威張っている家で、割烹着《かっぽうぎ》を着て何時間もかけて煮豆などをつくっているのが、昔ながらの主婦のイメージです。実際、昔の和食には保存を前提にして長い時間煮しめるものがいくつもありました。ぬか漬けの世話を毎日するなど、女性を台所に縛りつけるイメージがあるのです。

昭和の時代、洋食が流行《はや》ったのは、かいがいしく和食をつくる母親や姑への反発心もあったのではないでしょうか。その世代がつくった洋食を中心にした献立で育った人は、和食にあまりなじみがありません。つくり慣れていないと、和食は難しく面倒なものに感じます。

煮ものは経験を積むうちに、うまくなる料理です。つまり、経験がないとおいしくするのが難しい。出汁《だし》を使う料理は、出汁を引く一手間が嫌われます。戻す時間が必要な乾物類も同じです。和食の多くは時間さえあれば手間がかからないし、つくり置きもできますが、その時間がない。鮮度が命の魚は、買い置きが難しい。スーパーへ寄る時間がなく、残りもので調理するときは冷凍庫の肉を使うかもしれません。

和食は基本的にあまり加工せず旬の素材を味わう料理です。野菜の煮びたし、焼き魚、だいこんやさといもなど根菜類の煮もの。いんげんのごま和《あ》えなどの和えもの。対して、日本でポピュラーになっている洋食や中華料理、エスニック料理などは、味つけの濃いものが多い。ウスターソースやケチャップの濃くてスパイシーな味、豆板醤《とうばんじゃん》の辛さ、濃厚なオイスターソース、うま味や香りの強いナムプラー。どれも味がはっきりしている。疲れているときは、そういうパンチのある味のほうがわかりやすい。

もしかすると、現代人の生活で危機に瀕《ひん》しているのは、和食そのものではなく、少しだけ手間をかけて料理したり、旬のものをおいしいと思う心の余裕なのかもしれません。

2　学校給食は進化する

学校給食の歴史

学校給食も、和食の現状に影響していると思われます。何しろほとんどの人が小学生や中学生のとき、お昼に給食を食べるのですから。まずは歴史から確かめていきましょう。

日本で最初に給食を出したのは一八八九（明治二十二）年、山形県鶴岡町《つるおかまち》（現鶴岡市）の私立忠愛《ちゅうあい》小学校でした。お寺の住職たちが小学校を創設したところ、弁当を持って来られない貧しい家庭の子どもが多かったことから、おにぎり、塩鮭、漬けものなどを出したそうです。鶴岡市の大督寺《だいとくじ》境内には、「学校給食発祥の地」の記念碑が建てられています。

その後、給食は各地で出されるようになりましたが、全国規模になったのは戦後です。

1953年、福島県相馬地方の学校給食風景
(写真提供/毎日新聞)

敗戦後、特に都市部は深刻な食糧不足でした。もちろん子どももも、慢性的な空腹状態です。

一九四七(昭和二十二)年一月、給食は都市部の児童三百万人を対象に試験的に開始されます。一九四九(昭和二十四)年十月からはユニセフ(国際連合児童基金)から脱脂粉乳の寄贈を受けたユニセフ給食を実施。一九五〇(昭和二十五)年七月からは、ガリオア資金(アメリカの占領地域救済政府資金)を受けて八大都市の小学校で脱脂粉乳にパン、副食の完全給食が実施され、やがて全国の小学校に広まります。

ところが、ガリオア資金は一九五一(昭和二十六)年六月末、サンフランシスコ講和条約が調印されて日本が独立することに伴って、打ち切られます。学校給食費が大幅に値上がりし、実施校が大幅にへりました。国庫の補助で継続してほしいという声が全国から上がり、一九五四（昭和二十九）年に学校給食法が公布されて実施の体制が整ったのです。

脱脂粉乳とは、生乳から乳脂肪分を除去して粉末状にしたもの。名前の通り脂肪を搾った後のかすで、家畜の餌に使われます。アメリカから供給できる食糧からこれを選んだのは、当時の児童が必要としていたタンパク質、カルシウムが豊富だったからです。何しろ、栄養状態の改善が急務でした。

お湯に煮溶かして配られた脱脂粉乳は多くの児童に「まずい」と不評で、未《いま》だに脱脂粉乳で育った世代はその思い出を語ります。昔の給食の献立がどんなものだったのか、『なつかしの給食　献立表』（アスペクト）という本に載っていますので、ご紹介しましょう。

一九四八（昭和二十三）年新潟市のある日の献立は、「ミルク、パン、クリーム、コーヒーチャウダー」。ミルクとは脱脂粉乳のことです。コーヒーチャウダーには、コーヒーのほか豚肉、ネギ、青菜、でんぷんが入っています。少ない材料で工夫して料理したことがわかります。

牛乳が導入されたのは一九五八（昭和三十三）年からで、その後脱脂粉乳から切り替わっていきました。一九六〇（昭和三十五）年の広島市の献立表を観てみましょう。「さんまのあんかけ」や「フライとやさいの油いため」、「ホワイトシチュー」、「五目豆」など、シンプルながらバラエティのある内容になっています。経済が上向いてきたことが、給食にも反映されているのです。ミルクについては記述がありませんが、主食はパンです。

アメリカなどからの食糧援助を受けて、洋食献立から始まった戦後の学校給食ですが、一九七〇年代になると米飯給食への切り替えが始まりました。一九七〇（昭和四十五）年には減反政策が始まっています。コメが余るようになって、パンを主食にする学校給食への批判が起こったのです。

正式に米飯が導入されたのは一九七六（昭和五十一）年。私は一九七五（昭和五十）年に兵庫県西宮《にしのみや》市の小学校に入学しましたが、三年生ぐらいから給食にご飯が登場したのを覚えています。同じころ、先割れスプーンがなくなり、家から箸《はし》とフォーク、スプーンを持参するようになりました。男子に大人気だったカレーライスが出るようになったのも、米飯給食になってからです。

ご飯が取り入れられるようになった時期や出される頻度は、地域によって違うようです。献立も地域によって違います。よく昭和後半に育った世代からなつかしいと言われる、コッペパンでつくる揚げパン、ソフトめん、クジラの竜田《たつた》揚げを私は食べたことがありません。クジラは大和《やまと》煮が定番でした。こんなふうに、給食はどこの町でいつごろ育ったかによって内容が違うのです。

迷走する献立

二〇〇九（平成二十一）年、病院その他で食生活指導を行う幕内秀夫《まくうちひでお》氏による『変な給食』（ブックマン社）という本が出て、反響を呼びました。

幕内氏は娘が小学校に入学した際配られた学校給食の献立表に、ハンバーガーやラーメン、菓子パンなど「まるでファストフード」のような食事が並んでいることに疑問を持ち、娘に毎日弁当を持たせることにしたのです。

学校給食法には、「児童及び生徒の心身の健全な発達に資するもの」と書いてあるのに、偏った食事はいけない、と一九九八（平成十）年に「学校給食と子どもの健康を考える会」を発足させ、自治体の首長や教育委員会に働きかけたり、講演活動などをしてきた人です。

この本では、二〇〇〇年代に全国各地で出された「変な」献立を再現した写真をたくさん載せて解説しています。二〇〇五（平成十七）年四月十九日の大阪府堺《さかい》市の献立は「コッペパン、肉じゃが、みたらしだんご、牛乳」。野菜が少なく、炭水化物と糖分がたくさん入っています。炭水化物が多い献立はいくつも掲載されており、例えば二〇〇七（平成十九）年四月二日の三重県松阪《まつさか》市の給食は「生クリームサンド、やきそば、牛乳」です。

甘いものが多い献立も目立ちます。二〇〇八（平成二十）年五月十三日の東京都調布《ちょうふ》市では「ジャムトースト、酢豚風、みつ豆、牛乳」が出ています。菓子パンを出す学校もけっこうあるようです。

スナック中心の献立、おやつみたいな献立、と並ぶこの本では、野菜が少ないことが気になります。また、紹介されている献立にはご飯が出てきません。調査に偏りがあるのではないかとも見えるのですが、少なくとも実際に出されたものばかりです。

幕内氏の活動に影響を受け、コシヒカリの産地である新潟県三条市では、市長が率先して完全米飯給食への切り替えを決めて、二〇〇三（平成十五）年秋から小中学校二十二校で、二〇〇八年から全市で完全米飯給食に移行しました。

やがて、保護者からご飯に牛乳が合わないという声が出て、二〇一四（平成二十六）年には十二月から四カ月間、試験的に牛乳を出さないことになりました。子どもの成長に欠かせないカルシウム源として、和食献立でも必ず出されてきた牛乳ですが、今後出さない取り組みが全国に広がるのか、注目が集まっています。

二〇〇〇年代は給食に大きな変化があった時期です。二〇〇九（平成二十一）年に学校給食法が改正され、給食に「食育推進」が求められることになりました。二〇〇五（平成十七）年に制定された食育基本法は、生活習慣病が増加し食料自給率が低下したことから、健全な食生活をするための知識を身につけたり、都市と農山漁村との交流を深めて地域活性化につなげようといった目的があります。

給食が食育目的になるより少し前、地元のものを地元で消費する地産地消の取り組みが活発に行われるようになっています。

日本では高度成長期、食料を安定供給するために、全国各地の産地から主要都市に野菜が集められる仕組みが出来上がっていました。そのため、たとえば東京に多くの野菜を供給する埼玉県の市民が、東京の市場から戻ってくる地元産の野菜を食べる、ということが起こっていました。

地産地消の活動が盛り上がっていく背景があって、学校給食へも地元の食材を取り入れることができるようになったのです。

理想の給食

昭和の時代は、食生活の洋風化が問題になりました。平成になってからは、野菜をとらずに炭水化物や脂質が多いバランスの悪い食事をする人たちの存在がさまざまな調査から浮かび上がり、問題になっています。

どちらも、原因は学校給食にあるのではないか、と考える人たちがいます。学校でパンと牛乳を中心に、食べ合わせが不自然な料理を出しているから好みが偏り、コメの消費量がへって和食離れが進んだ。パンを主食にしたり、献立が立てられなかったり、おやつで食事を済ませてしまう人がいるのではないか、というのです。

食事は一日三回が基本です。子どもたちは、朝食と夕食も食べているはずです。保護者が健康に配慮した食事を出していれば、自然にバランスを考えた食事をするようになるのではないでしょうか。この奥には根深い問題が潜んでいますが、今回の主題ではないので、これ以上は触れません。保護者を変えることは難しいし、過去は変えようがない。しかし、心身の健康によい食事とはどういうものか、学校給食で見本を示して、子どもたちの食生活を改善し、心身の健全な発達に役立たせることはできます。

米飯が中心のバランスのよい献立に変えたことで、子どもたちが変わったという報告もあります。集中力が高まり、成績が上がった。非行がへった。薄味を好むようになった。そんな報告が相次ぎ、最近は学校給食を題材にしたレシピ本も出ています。

二〇一一（平成二十三）年に出た『東京・足立区の給食室』（アース・スターエンター

テイメント）には、表紙に「毎日食べたい12栄養素バランスごはん」、「区内の小学生97％、中学生82％が毎日楽しみにしている」といったキャッチフレーズが踊っています。

中を開いてみると、「ハヤシライス、野菜のくるみ和え、野菜たっぷりスープ」、「レバーの変わり揚げ、じゃがいもの具だくさん味噌汁、かむカムサラダ、枝豆じゃこごはん」、「具だくさんけんちんうどん、いももち磯辺風、えのきのお浸し」などの献立が並びます。子どもたちが好きな肉料理や揚げものもありますが、同時に野菜がたくさん使われているなど、ビタミンやミネラルが豊富な献立です。

足立区ではできたてを提供するために、給食センターでまとめてつくるのではなく、各校で給食をつくっています。天然出汁《だし》を使って薄味にし、すべて食材から調理しているそうです。それが売りになるのは、加工食品や出汁製品を使うところがたくさんあるからです。理想的な給食から、一般的な給食の現状が明らかになります。

NHKで一流の仕事人を紹介するドキュメント番組『プロフェッショナル　仕事の流儀』でも紹介された、北海道置戸《おけと》町の元管理栄養士、佐々木十美《とみ》さんが出した『日本一の給食』という本があります。

置戸町は北海道北東部にある、自然豊かな小さな町です。「十美さん」と皆から慕われる佐々木氏は、地元出身。二〇一一年に定年退職するまで長年、置戸町の学校給食の献立を立て、つくる仕事をしてきました。

一九七二（昭和四十七）年に勤め始めたころは、パンと牛乳にシチューなどのおかずを出していました。味つけにはシチューの素や出汁の素を使い、うま味調味料も入れていたそうです。でも、その味をおいしいと思えず、勤めて数年で「子どものために、おいしくて安全な給食を作る」と決め、栄養士仲間と食品の材料や食品添加物について調べ、少しずつ中身を変えていきました。

やがて味噌は北海道産の大豆を使って手づくり、トマトは町内の農家と契約して無農薬栽培してもらったものをトマトピューレにして一年中使うなど、手づくりの調味料をふやしていきました。十九種類ものスパイスを使って、三週間熟成させて使うカレーのルウは名物となり、卒業生もふるさとの味としてなつかしむようになりました。

このカレーには佐々木氏の仕事に取り組む姿勢が凝縮されています。

昔は業務用のカレーを使っていたそうですが、二〇〇一（平成十三）年、餌に肉骨粉が混ぜられていたことが原因で起こるBSE（牛海綿状脳症）が発生してから、うま味成分としてルーに入る牛肉エキスの安全性が疑わしい、と手づくりするようになったのです。そのカレーはとても辛いそうですが、同時にくせになる味で、佐々木氏は子どもたちに本物を食べさせたい、カレーは辛いものだからと、このブレンドにしたそうです。

出汁も昆布やかつお節などを使ってつくり、調味料も天然の原料だけでつくられたものを選んでいます。最初のうち給食の味を薄いと不満を言っていた児童も、やがてそのナチュラルな味わいに気づいていきます。

どれも簡単にはできないことですが、佐々木氏は「命かけて仕事してきましたから」と笑って言うそうです。

置戸町のこの話からも、ふつうの給食が大量生産された加工食品や、食品添加物を含んだ調味料、出汁などを使ってきたことがわかります。それは大量に調理する給食づくりがそれだけ重労働で制約の多いものだということでもあります。予算は限られている、栄養のバランスを考えないといけない、食べ残しのないよう子どもが好む献立を考えないといけない。

ときどき、学校菜園で野菜を育てると子どもたちが残さなかった、という話がニュースになりますが、それはふだん子どもたちが野菜を食べ残しがちだからです。子どもは幼いとき、野菜を好みません。しかし、くり返し口にすることで食べられるようになっていきます。食べさせる側に工夫が必要なのです。

ご飯を中心に、なるべく地産地消で、より安全なものを。そう心がけて出している学校給食に共通しているのは、和食が目立つことです。味噌汁、乾物料理、和えもの、魚の煮つけや南蛮漬け、根菜の煮もの。

『福井県のおいしい給食レシピ』（辰巳《たつみ》出版）という本には、「鯖《さば》の竜田揚げ、なすと玉ねぎのみそ汁、じゃがいものきんぴら、ごはん」という献立や、「干ししいたけだんご、大根の煮物、たけのこごはん、きんぴらごぼう、キャベツと豆腐のみそ汁」などの献立が並びます。もちろん子どもたちの大好きなカレーやハンバーグの日もありますが、カレーライスにじゃこサラダをつけたり、ハンバーグはれんこんバーグにするなど、カルシウム、ミネラルが摂れるよう工夫してあります。

和食はご飯を中心に地元で採れるものを使い、食べ継がれてきた料理です。個々の食材は時代の影響を受けますが、基本的な構成は長い年月に耐えて残ってきたもの。また、ご飯を中心に考えれば献立を立てやすいことも、給食から見えてきます。それは、和食という文化について考える際、大きなヒントになるのではないでしょうか。

3　家庭科の役割

家庭科と女子

給食が、次の時代を担う人たちの食べ方に影響するとすれば、家庭科は次世代の食事のつくり方に影響します。この節では、家庭科と和食の関係について考えることで、和食の未来を探っていきます。

家庭科は一九四七（昭和二十二）年、社会科とともに小学校で新設された新しい科目でした。戦前にも女学校などに家事科の授業があり、調理実習は行われています。教えるのが西洋料理や和洋折衷料理などで「日常には役に立たない」と批判されましたが、結婚して教わった料理をつくる女性はいました。都市のサラリーマン家庭で洋食が広まったのは、女学校で新しい料理のつくり方に触れた妻たちが多かったからです。

戦前の教育で注目したいのは、昭和の初め、献立の栄養価を計算したり、計量カップなどで測ることを重視するといった科学的な教育が行われるようになったことです。母から娘へ、姑から嫁へと見よう見まねで伝え、経験や勘でつくってきた料理とは違う価値観が、家庭料理の世界に入ってきたのです。

今でもレシピ本には分量が示されますし、栄養のバランスを気にする人は多いですが、それは昭和から広まった学校教育の考え方が継承されていると言えます。

戦後になると家庭科はＣＩＥ（ＧＨＱの民間情報教育局）の教育課と文部省の教科課程改正委員会が共同で方針を決めました。家庭の責任は男女双方にあり新しい民主的な社会を築く人を育てようと考えたＣＩＥに対し、日本側の料理や裁縫を女性が担っている現実や旧来の女性差別的な考えを反映し、家庭科は女子教育に重きをおく方向へ進んでいきます。

小学校では五、六年生で男女が受ける家庭科の授業が設けられました。一九四七年に発足した新制中学では選択科目で女子が選ぶことを前提にし、一九五八（昭和三十三）

年には女子用の科目となります。新制高等学校でも女子が選ぶものとされ、一九六〇（昭和三十五）年には女子必修となりました。

中学生以上は女子の科目、とされた家庭科の方向性が変わり始めたのは、世界各地で女性の地位向上をめざす運動が起こった一九七〇年代です。

一九七五（昭和五十）年には、国連の主催で第一回世界女性会議が開かれ、その後一九七六（昭和五十一）年から一九八五（昭和六十）年までの十年間で、女性の地位向上に世界全体で取り組むことが決められました。一九七九（昭和五十四）年には、女子差別撤廃条約が国連で採択されています。

女子差別撤廃条約を日本が批准したのは一九八五年です。それまでにも長野県と京都府で家庭科の男女共修は行われていましたが、条約に従うため、一九九三（平成五）年に中学校で、一九九四（平成六）年に高校で男女ともに必修科目となりました。

学年が上がるにつれ、家庭経営を担う主婦予備軍を育てる色合いが濃くなっていた学習内容も、男女が受けるようになってから、生きる力を育成することに重きが置かれるように変わっていきました。

ご飯と味噌汁

教える内容はどのように変わってきたのでしょうか。現場レベルでは地域や学校、担当教師などでもある程度異なりますが、ここでは、主に教科書で和食がどのように扱われてきたかを探っていきます。

時代によって変わるのは、教育方針、そして献立です。特に洋食や中華料理の献立は時代を映し出します。生徒や児童が興味を持つ内容にしようと、教科書をつくる人たちが心を砕いてきたのでしょう。基本的に開隆堂出版発行の教科書をご紹介します。

戦後間もないころは、まだ電気冷蔵庫がなく、食品の保存に主婦の知恵と技術が求められていました。中学校では食材の保存法を重視するなど、家事の担い手になることを念頭に置いたものになっています。たとえば一九五二（昭和二十七）年の中学校の教科書では、一年生で麦飯、二年生で梅干しやきのこのびん詰めのつくり方を教えるなど、当時の生活を反映した内容になっています。

一九六〇年代、高度経済成長でサラリーマン家庭が急速にふえ、男は仕事、女は家庭という性別役割分担意識が強くなりました。小学校の家庭科でも、性別を考慮することを学習指導要領が示します。中学校は家事処理能力の向上、高校では家庭経営を念頭に置いた指導。それはつまり主婦の準備教育です。

一九六二（昭和三十七）年度の中学校教科書を見てみましょう。三年生で行事やもてなし料理として、「茶わん蒸し」、「巻きずし、いなりずし、うしお汁」などが出てきます。実践的で高度な内容です。

一九七〇年代になると、ナイフで鉛筆を削れない、りんごの皮がむけない、靴紐《くつひも》を結べないといった子どもたちが出てきました。生活が便利になって子どもが家事を手伝う必要がなくなる。おもちゃが自作するものから市販品になる。都市部では遊び場所が少ない。子どもの生活が大きく変わり、子どもの生活体験不足を補うことが期待されるようになります。

一九七八（昭和五十三）年度の中学校の教科書では、二年生で即席漬けを教えます。一九六二年度では漬けものでした。三年生で教える行事食としては「茶わん蒸し」もありますが、すしは巻きずしではなく「ごもくずし」です。一九六二年度のものより、調理が簡単で達成感のあるものが選ばれていることがわかります。和食の割合も少なくなりました。

一九七〇年代後半から一九八〇年代にかけて、中学校で男子が家庭科、女子が技術を学ぶ相互乗り入れの試みが始まります。高校の男女共修校も出てきました。しかし、男子が家庭科の授業を受けるようになると、女子の方が家事の手伝いをやる機会が多いため、能力の差が問題になりました。家庭科の授業時間がへり始めたこともあり、手のかかる献立に挑戦するより、生活能力を高めることが重視されました。

一九八六（昭和六十一）年の中学校教科書では、高度な行事食は三年生で習う「茶わん蒸し」ぐらいです。保存食は出てきません。変わって三年生で「煮魚」、「青菜のごまあえ」などの基本的な和食が出てきます。一年生や二年生はハンバーグなどの洋食が中心です。

一九九〇年代になると生活の自立を、二〇〇〇年代になると、自ら学び解決する能力を育てることを家庭科の目的とするようになりました。

時代を追って家庭科で教える内容は、家事技術の習得から生活全体を視野に入れ、生きる力を養う方向へと変化してきました。戦後六十年以上経って、ようやく家庭科はスタート時にめざした生活の担い手を育てる教育を行うようになったと言えるかもしれません。

調理実習の料理も時代によって変化してきました。和食中心から洋食中心へ、そして再び和食重視へ。男女共修の小学校で一貫して教えてきたのが、ご飯と味噌汁のつくり方です。ご飯の研ぎ方、炊飯器に頼らない炊き方、出汁の取り方などを指導します。

私も小学校六年生だった一九八〇年、出汁には昆布とかつお節で取る場合と煮干しで取る場合があることを教わり、豆腐と油揚げ、ネギの入った味噌汁をつくりました。そのおかげで、母親がパートに出るようになった高校時代、夕食に味噌汁をつくることができました。ほかにも、当時の私のレパートリーは粉ふきイモとハンバーグ、いんげんのソテーなどと、考えてみれば調理実習で習ったものばかりでした。

こんなふうに、子どもの立場でも、食事の支度をする機会はあります。そんなときに最低限必要な技術として、時代が変わっても変わることなく教えられてきたのが、ご飯と味噌汁のつくり方でした。

現在の家庭科教科書

二〇一〇年代の今、家庭科はどのようになっているでしょうか。

二〇一〇（平成二十二）年の教科書『わたしたちの家庭科――小学校５・６』から、食べものに関するページを紹介します。

湯の沸かし方やガスコンロの使い方、包丁の扱い方など台所仕事の基本を解説した後、最初に紹介される調理は、卵の茹《ゆ》で方、青菜の茹で方です。応用してつくる「ゆで野菜のサラダ」の項目で、野菜の切り方を解説しています。

次に栄養素や栄養のバランスについて学び、ご飯と味噌汁のつくり方が続きます。絵や写真を使い、ご飯を鍋でどのように炊くのか細かく解説しています。味噌汁も、出汁の取り方から解説され、大豆から味噌をつくる方法も簡単に解説しています。味噌づくりの実習がある学校もあるかもしれません。コメについての解説ものっています。農家に協力してもらって、田植えや収穫体験をやる学校、バケツなどで稲を育てる実習をやる学校もあるのではないでしょうか。ご飯と味噌汁という和食の基本学習は、より体験的になっているのです。

二十代〜三十代で朝食を抜く人が多く、朝食抜きで学校に行く子どもがふえて、集中力が落ちたり健康への悪影響が心配される時代になりました。朝食を自分で準備するというページもあります。

学習の仕上げは献立づくりです。じゃがいも料理として、「粉ふきいも」、「ジャーマンポテト」、「ツナポテトサラダ」、「野菜のベーコンまき焼き」のつくり方が載っています。炒《いた》める、茹でる、焼くといった調理法をひと通り小学校で覚えるのです。

中学校になると、食生活のバランスについてより深く考える内容となります。

二〇一二（平成二十四）年の『技術・家庭』では、「食生活と自立」が調理について学ぶ章のタイトルです。

規則正しい食生活について学び、食品に含まれる栄養素を知る実験の後、成長期の中学生に必要な栄養について考えます。ご飯を中心にした一汁三菜の食事がバランスがよい、と伝えるコラムがあります。

食事が何のためにあるのかをひと通り学んだ後が、調理実習のページです。みじん切り、乱切りなどの野菜の切り方、肉の部位の解説などがあります。

最初に出てくる料理は「しょうが焼き」です。献立例としてつけ合わせの「野菜のソテー」、「青菜のごまあえ」、「わかめスープ」を並べ、一汁三菜の和風の献立ができあがりです。続いて「煮込みハンバーグ」、「シチュー」、魚料理として「ムニエル」、「焼き魚」、「つみれ汁」、いわしの「かば焼き」があり、いわしの捌《さば》き方を習います。野菜の料理として「青菜の卵とじ」、「けんちん汁」、「筑前煮《ちくぜんに》」、「ミネストローネ」が出てきます。

魚と野菜は主な産地の解説もあります。どこからやってきたものを食べているのか、想像力を働かせるきっかけをつくっているのです。

弁当やお菓子のつくり方、食文化について考える「地域の食材と郷土料理」、食料自給率や環境に関する項目もあります。洋風になった食生活に配慮しながら、青菜や根菜、魚などを使った和食の基本的な調理法を覚えられるようになっています。

高校になると、たとえば炭水化物の成分や、ビタミンの役割、食品表示の読み方など、食事についてより深く考え、実践的な学習内容へと変わります。教育図書のものですが、二〇一二(平成二十四)年発行の『新家庭総合』では、「親子どんぶり、はんぺんと三つ葉のすまし汁、青菜のおひたし」など、出汁を上手にとれたときにおいしい料理が出てきます。麻婆豆腐やカレーピラフ、正月料理やちらしずしなども出てきます。食料自給率問題や食文化の伝承について説いた項目もあります。

現代の教科書は、洋風に傾いた食生活の現実に寄り添いつつ、和食の継承に力を入れています。年齢に応じて技術を高めながら、まじめに学習すればいつでも和食をつくる基礎を身につけられる仕組みです。調理実習では作業を分担して行いますが、写真やイラストなどを使っててていねいに解説したレシピは、家で実践する際に役立つでしょう。

実習や栄養を重視する学習は一貫していますが、広くは国全体、狭くは地域の食文化にも目を向ける内容となったところが、現代の教科書の特徴と言えるでしょう。

料理する男子

二〇一四(平成二十六)年六月十二日、朝日新聞に高校男子の家庭科の現状を伝える記事が出ました。二〇一〇年に東京学芸大学の藤田智子専任講師が行った調査によれば、男子は家庭科共修を前向きに捉える一方、半数は女子向きの科目と捉えているそうです。

家庭科を学ぶ十代は、性別を強く意識する年齢です。第二次性徴期を迎えて体が変わり、自分や友人の性を意識する。家庭で母親が料理し父親が家事をしない光景を見ていれば、料理は女の役割だと思うかもしれません。しかし今は、女子も料理を手伝う機会が少なくなっており、性別に関係なく料理に興味がない人はいるでしょう。

家庭科で男女が一緒に学ぶことは、料理が性別に関係なく生活していくうえで必要な技術なのだと知る機会でもあります。家で母親しか料理していなくても、授業で一緒に作業し手つきがいい男子を目の前にすることで、固定観念がくつがえされるかもしれません。

世の中の雰囲気は変わってきました。テレビで男性タレントが上手に料理するシーンは珍しくなくなり、二〇〇八(平成二十)年には、その名も『男子ごはん』(テレビ東京系)という、男性が男性に教える料理番組もスタートしました。当初、料理を教えるのは人気料理研究家のケンタロウで、アイドルグループTOKIOのメンバー、国分太一がアシスタント役でした。二〇一五年現在は栗原心平《くりはらしんぺい》が教えています。

テレビ番組『男子ごはん』から生まれたレシピ本もベストセラーとなった

番組では魚の煮つけや出汁の取り方など、和食も出てきます。第二章で紹介したように、戦後になって和食は、女性の読者・視聴者が敬遠したり、難しいと思うことを前提にしていました。厳しい先生が出てきたり、細かく技を教える、「これなら簡単」と紹介することで、かえって和食を難しいように思わせてしまった面がないとも言えません。本来なら身につけているはずの技術、というメディアのつくり手の思いも透けて見えました。

しかし、主婦役割を担わされる前提がない一般男子にとって、ジャンルは関係がないのです。食べたいもの、つくりたいものの中には和食の献立もある。男子が入ってくることによって、料理を教える世界でも和食への力みが薄れてきたかもしれません。

ケンタロウは昭和後半から平成にかけて一世を風靡《ふうび》した料理研究家、小林カツ代の息子ですし、栗原心平は、平成になってカリスマ主婦と言われてアイドル的な人気を博した栗原はるみの息子です。二人とも姉がいますが、料理研究家になったのは弟のほうでした。

昭和の時代、男性の料理研究家は数が少なく、代表的な存在の土井勝《まさる》は、平成になるまで男性向けの料理教室は開きませんでした。「男の料理」に関する本も出していますが、それはお金と手間をかけた趣味の料理でした。昭和の時代は、男性が料理することに世の中の抵抗感が強かったのです。

それが平成になると、男子の料理です。「男子」という言葉には若者っぽさがあり、「偉い先生じゃないよ」というニュアンスを伝えます。叱られそうな雰囲気は、男子の料理研究家にはありません。大人も子どもも男性も女性も関係なく、料理は誰もが覚えられる技術になりました。

弁当の力

誰もが料理する、という意味では今、全国の学校に広がっている「弁当の日」の活動があります。二〇〇一（平成十三）年、香川県中央の小さな町にある、綾南町《りょうなんちょう》（現在は綾川町《あやがわちょう》）立滝宮《たきのみや》小学校で始まった取り組みです。校長先生の考えで、家庭科を学んだ小学校五年生と六年生が、家族の手伝いなしで準備した弁当を持ってくる日を月一回つくったのです。

学校や家族など周りの大人の協力を得て、子どもたちが早起きして弁当をつくる。家庭科でその準備としての授業も行います。周りの児童から刺激を受けたり自信を得たり、親が刺激されて食事をより充実させようと取り組む児童。ときには児童が家族のために料理するようになったり、と「弁当の日」は大きな波紋を呼び起こしていきます。

体験することは何より身につく学習法です。調理実習では、まじめに取り組まなくても他の人がフォローしてくれます。栄養などについて教わっても、試験が終われば忘れてしまうかもしれません。しかし、弁当を自作するとなると、責任は自分にあり、失敗して情けない思いをするのも自分です。

献立を考え、食材を調達し、段取りを考えて調理する。弁当を自分でつくってみて親を尊敬する気持ちが芽生えた人がたくさんいました。料理する習慣を身につけて、その後大学に入って一人暮らしをするときにご飯をつくる大人に成長していた人もいます。男女に関係なく、料理の大変さと面白さを体験するのです。

「弁当の日」の実践は、新聞やテレビなどで取り上げられ、全国各地の学校へと広がっていきました。

自分でつくってみれば、いろいろなことがわかります。野菜の煮ものが必ずしも難しくないこと。でも、上手にできるようになるには経験がいること。乾物はあらかじめ戻しておくことさえ忘れなければ、扱いが難しい食材ではないこと。サラダにしたり炒めものにしたりと、応用ができることも学べます。小学校からくり返し習った出汁も、実践すれば気軽につくる習慣が身につきます。

もちろん、炒めものや揚げものなど、いわゆる和食以外の献立中心につくる人もいるでしょう。何しろ、外国風料理はたくさんあり、タンパク質など成長期に必要な栄養素がたくさん入っている料理も多い。そして、いろいろな味を楽しめます。

料理できると、おなかがすいたときに困らない。大切な人につくってあげることができる。食材を買うときに、それがどこ産のものか、成分として何が入っているかを見て、食材がどのようにつくられどのように手元に来るのか改めて考える。栄養のバランスを考えて、味つけや使う食材を工夫する人もいるでしょう。料理の面白さに目覚めてプロになる人がいるかもしれません。働き出してから、毎日職場に自作の弁当を持っていく人もいるはずです。

自分で考え、動くことで発見することは大きいのです。そういう人たちが、当たり前に料理する中で、和食のよさを発見していくのではないでしょうか。食文化は、つくる人がいてこそ伝えられていくのですから。

エピローグ　変わり続ける和食

地産地消の取り組み

二〇〇〇年代、食の世界は転換点を迎えていました。

きっかけの一つは、安全を脅《おびや》かす事件が相次いで起こったことです。ミンチ肉などのラベルに嘘の表示をしていた食肉加工会社。お菓子の製造過程を偽装していた会社。中国製の冷凍ギョーザの毒物混入事件や、国内でBSE感染牛が見つかった事件もありました。

安心・安全を求める声が大きくなり、食品表示が細かくなります。トレーサビリティといって、生産から流通に至るプロセスを、インターネットなどを通じて情報公開する動きも高まりました。

スーパーや八百《やお》屋で、野菜の産地表示が当たり前になりました。肉類もパッケージに産地を明記してあるものがあります。松阪《まつさか》牛、京野菜といった有名ブランド産地もあれば、東京XO豚、山形産だだちゃ豆といった比較的最近知られるようになったブランド産地を示すもの、国産とだけ表示してある鶏肉もあります。

産地表示には、消費者を安心させる情報開示を目的としたものと、生産管理をきめ細かく行った良質な特産品であることを示す目的と二通りがあります。

農業は高度成長期以来、携わる人口がへり続けている業界で、生産地の中には人口の五十パーセント以上が六十五歳以上の高齢者が占める限界集落もふえています。高齢化も深刻な問題です。農業がきつい仕事で、しかも利益が少なかったからです。その現状を変えようと取り組んできた人たちがいます。

会社をつくって大規模農業に取り組んだり、農協で良質な農産物や加工品を人気商品に育て上げた事例なども出てきています。農産物直売所で売って意欲が高まった生産者もいます。

農産物直売所は、既存の流通システムに頼らず、生産者と消費者が直接売買する商売です。生産者は消費者の反応がわかると、やり甲斐《がい》を感じます。朝採った野菜をすぐに買って食べられる消費者も、おいしいと喜ぶ。売る人・買う人双方が喜ぶ直売所ができたのは昭和後半ですが、その後ふえ続け、二〇〇〇年ごろには全国各地に広がりました。九州など西日本では、漁業と連携した直売所も現れています。

都会から遠くの直売所へ通う人たちもいますが、基本は地産地消です。農業で地域を活性化しようと地産地消に取り組む自治体や農協も多く、スーパーなどに地元産の食べものが並ぶようになりました。学校給食に取り入れられるケースもあります。一九九九(平成十一)年に食料・農業・農村基本法が制定され、地産地消という言葉が広まったことがきっかけです。

地産地消や食品ブランドの取り組みが盛り上がるのは、二〇〇〇年代初めにブームとなったスローフード運動の影響もあります。イタリアで一九八六(昭和六十一)年にスローフード協会が設立され、やがて世界各地に広まった運動で、『スローフードな人生!』(島村奈津・新潮社)というルポルタージュで日本へも紹介され、各地で団体が設立され、メディアも盛んに取り上げました。

伝統的なつくり方でつくられた食材や郷土の食文化を守ろうというスローフード運動

は、地産地消の取り組みや安心・安全な食品づくりと重なるところがあります。

二〇〇〇年代は、さまざまな立場の人たちが一斉に、大量生産・大量流通のシステムだけに頼らないで売り買いする、安心して食べられるものに注目し始めた時代と言えます。

若い世代に、食べものの生産に意欲的に取り組む人たちがふえてきました。都会に出た跡継ぎなどが地元に戻るUターン、都会から農村へ移り住んで農業を始めるIターン、もちろん最初から家業を継ごうと取り組む人たちもいます。

新しい世代の中には、売り方を工夫し、メディアに注目されて販売力を伸ばしている人たち、インターネットのSNSを活用して宣伝する人たちがいます。既存のシステムに頼らず生活しようと思えば、自ら売る力が必要だからです。商品の魅力をきちんと伝えることで、人気が出たものがたくさんあります。

その中には、農業に携わる人だけでなく、調味料の醸造元の跡継ぎもいます。二〇〇〇年代に入って、スローフードブームなどの影響で、天然醸造など昔ながらの製法でつくった調味料に注目が集まるようになったのです。全国各地の小さな会社でつくられた調味料が、都会のスーパーの棚に並び、選択肢が大きく広がりました。

昔の暮らし方も見直されるようになりました。かまどで炊くご飯への憧れが高まり、メーカーはさまざまな工夫を凝らして、かまど炊き風の炊き方をする炊飯器を出しています。ご飯を土鍋で炊く方法も流行《はや》り、炊飯用の土鍋が売り出されました。

梅干しを漬けたり、味噌《みそ》づくりをするなど、昔は自家製だった保存食の手づくりも流行っています。

もちろん、昔通りというわけではありません。たとえば昔ながらの製法を見直してつくられ、人気となっている日本酒の地酒は、昔のものよりずっと味が洗練されています。技術が進歩したからです。

かまど炊き風の炊飯器のご飯だって、昔のかまどは薪による火加減が難しく失敗もあったことを考えれば、誰でもおいしく食べられるのは技術の進歩です。土鍋で炊く場合もコンロの火力が安定しているおかげで、調理実習で学んだとおりにやれば間違いがない。コメづくりの技術も進歩していて、新潟《にいがた》産コシヒカリをはじめおいしいコメがたくさんあります。再発見される昔というのは、現代に合わせた進化を遂げている。つまり温故知新です。

現在の和食

和食も進化を遂げています。最後は今の和食について考えましょう。

これまで、さまざまな角度から、和食や和食を取り巻く環境がどのように変わってきたのかたどってきました。皆さんはこの本を読んで、自分なりの和食のイメージはできたでしょうか。

私が考える和食の基本形は、ご飯と発酵調味料で味つけした料理を組み合わせたものです。日本では長い間、コメのご飯を中心に料理してきました。コメが食べられないときは、麦や蕎麦《そば》などの雑穀、イモを主食にしながら、コメのご飯を理想と描いてきました。

醤油《しょうゆ》や味噌などの発酵調味料は、江戸時代には庶民の食になりました。これらの食品は、高温多湿の日本の気候の中で発達してきたものです。特有の気候の中で培った製法から生まれた、複雑な味や香り、独特のうまみを持つ発酵調味料が、味を決めるポイントです。

一汁三菜が整っていたり、旬のものや土地の食材が使われていれば、理想的です。しかし、それならカレーやラーメンは和食ではないのか。ハンバーグはどうなのか、といった最初の疑問は残ります。

私は、それらの外国風だけど日本に定着し独自の進化を遂げた料理は、準和食に位置づけられると思います。日本人の口に合うアレンジをして、ご飯と組み合わせてもおかしくない料理に発展したものは、和食に近い。ただし、カレーやラーメン、ハンバーグなどはたっぷり使った油脂のうまみで食べさせるところが、少し違う。

日本では、近代以前は肉料理をほとんど食べませんでした。四足の動物を食べることが表だって認められていなかったからです。近代に肉食が解禁されたとき、最初に流行ったのは鍋料理にして牛肉を食べることでした。現在のように鍋に油を引いて肉を焼いたり炒《いた》める料理が日常のものになったのは、戦後フライパンが家庭に普及し、換気扇が入ってから。てんぷらを除けば油脂をたくさん使う料理の歴史は浅いのです。

準和食が和食化するヒントは、とんかつにあります。とんかつに使うウスターソースには、酢が入っています。組み合わせる定番料理は味噌汁、漬けもの。キャベツをつけ合わせにしてさっぱりした味つけです。明治に入ってきたとんかつは、今やすっかり和食になりました。

日本は高温多湿で、油脂を抜くか、つけ合わせを工夫したさっぱりした味わいを人々は求めます。あぶらっこい料理は寒い時期、あるいはエネルギーを大量に必要とする若い一時期、体が求めるでしょう。しかし、全国どこへ行っても夏は蒸し暑い。冬は寒いところでも夏の間は暑くなります。年間を通して気温が高い地域もあります。口当たりをさっぱりさせることは、新しく入ってきた料理が日本に定着する過程で起こってくるでしょう。その意味で、油脂を使う文化はまだ発展途上です。

ただ、ここまで歴史をたどってきた皆さんはお気づきかもしれませんが、和食とは何かを考えて出てくる答えは、どんな料理を指すのかより、どんな食文化なのか、と当てはめたほうが自然です。

時代に応じて食べるものは変わっていきます。新しい料理が入ってきて流行ります。変わっていく味覚に合わせて、進化する料理、消えていく料理があります。失われていくものは残念ですが、しかたがないことでもあります。原料がなくなったり、口に合わなくなったり、技術が失われてしまえばなくなるものは、食文化に限った話ではありません。

では、和食とはどんな食文化なのでしょうか。

それは、この国の気候風土に合わせて発展してきた文化です。私が発酵調味料をこの国の文化と考えるのは、それが独自の気候の中で育まれた食品づくりだからです。旬のものを味わうのが和食文化と言われるのは、その土地で食べてこそおいしいもの、他の土地ではつくりにくいものがあるからです。

ネギは関西では青ネギが、関東では白ネギが愛されています。葉を食べる青ネギは暑さに強く、土寄せをして白くした根の部分を食べる白ネギは寒さに強い。だからより寒い東日本に広まった。土寄せするには土を深く掘る必要がありますが、関東の土壌はその栽培方法に適していました。食べものの定着には、気候風土が関係しているのです。

人類はたくさんのものを食べてみて、食べられるものを見つけてきました。そして、食べるときに毒にならない、おいしい食材をよりおいしくなるように、大量に栽培する農業に発展させ、その食べ方が工夫されました。食べ継がれてきたものには、必然があるのです。祖先の知恵です。

そして、今もなお人々は選び続けています。明治時代に入ってきた西洋料理や中国料理も、昭和の時代にアレンジされた洋食・中華も、そして平成の時代に大量に入ってきたエスニック料理をはじめとする外国料理も、今まさに進化の過程にあり選んでいる最中なのです。

これからの時代の和食をつくっていくのは、私たちなのです。

おわりに

この本の出発点は、和食のユネスコの無形文化遺産登録をきっかけに、改めて「和食って何だろう」と考えたことでした。

「和食＝高級店の日本料理」、あるいは「和食＝おばあちゃんの煮もの」というイメージがあります。でも、私たちの日常食にはカレーやラーメン、炒《いた》めものなどもある。日本で私たちがふだん食べるものは、和食ではないのでしょうか。

また、高級店の日本料理の文化を引っ張ってきたのは京都ですが、日本料理店で昆布などの出汁《だし》や淡口醤油《うすくちしょうゆ》を使うのは、それが京都の政治的位置や気候などの条件と合ったからです。京野菜と淡口醤油は本当によく合います。しかし例えば、東京の水では昆布の出汁の味が京都ほどよく出ません。多様な気候と食文化を持つ日本で、地域によって合う味つけや食材が違うことを考えれば、京料理では使わない食材、味つけだけど和食というものだって、たくさんあるはずです。

和食について掘り下げることは、私たちの食文化がいかに多様なものであるか、そしていかにたくさんの外国から影響を受けてきたのかを知ることでもありました。とはいえ、私は全国の食文化に精通しているとは言えません。手がかりにしたのは、住んだことがある関西と東京、母の故郷の広島県でした。自分の話から始めた第二章は、私が筑《ちく》摩《ま》書房で出した三部作『うちのご飯の60年　祖母・母・娘の食卓』、『昭和の洋食　平成のカフェ飯　家庭料理の80年』、『昭和育ちのおいしい記憶』を土台にしています。

「和食」は、非常に大きなテーマです。食文化は人が社会をつくり、共通ルールを築いていく中で生まれます。日本の食文化について書くには、国ができてから千数百年にわたる歴史を知り、異なる食文化を持つ外国を視野に入れなくてはいけません。世界各国に行き、何十年にも及ぶ食文化の研究を行っている人でなければ、このテーマは書けないのではないかと思っていました。

思い切って挑むことにしたきっかけは、ユネスコの無形文化遺産登録にも関わり、長年日本の食文化史について研究してこられた、江原絢子《あやこ》氏と原田信男氏にお会いしたことでした。両氏の温かい人柄と、和食の範囲を限定しない考え方に触れ、先輩世代とは別のスタート地点から書けるものがあるのではないか、と思い立ったのです。そして、今私がそれを示しておくことは、将来後輩世代が考えるときの手がかりになると思ったのです。

第一章では、たくさんの本を参考にしましたが、その中心に置いたのは、『日本食物史』（江原絢子、石川尚子《なおこ》、東四柳祥子《ひがしよつやなぎしょうこ》・吉川弘文館）、『家庭料理の近代』（江原絢子・吉川弘文館）、『和食と日本文化　日本料理の社会史』（原田信男・小学館）、『和食とはなにか　旨みの文化をさぐる』（原田信男・角川学芸出版）の四冊です。

第三章は、今とこれからを考える手がかりとして、将来を担う世代が暮らす学校を中心に考えました。学校給食や家庭科が、食文化にどう影響するのかを考えたかったからです。二〇一〇年代の家庭科の教科書を集めてくれたのは、幅広いママ友ネットワークを持つ長年の友人、吉崎紀子《のりこ》さんでした。彼女とその友人たちの協力に感謝します。

高校生から理解できる本に、と試みるにあたって頭に置いていたのは、青年期に入った甥《おい》たちです。彼らに話すつもりで書いたこの本が、若い読者の方々の心に届くことを願っています。

「和食の本を自分で書いてみたら」とすすめてくれたのは、夫です。本ができるのを楽しみにしてくれている友人たちもいます。多くの人たちの支えがあって、この本は生まれました。最後になりましたが、三部作のスタートから伴走してくださった、筑摩書房の磯部知子さんにもお礼を言います。

阿古 真理

ちくまプリマー新書234
「和食《わしょく》」って何《なに》？
二〇一五年五月十日　初版第一刷発行
著者　阿古真理（あこ・まり）
装幀　クラフト・エヴィング商會
発行者　熊沢敏之
発行所　株式会社筑摩書房
東京都台東区蔵前二-五-三　〒一一一-八七五五
振替〇〇一六〇-八-四一二三
印刷・製本　中央精版印刷株式会社
ISBN978-4-480-68937-5 C0277 Printed in Japan

乱丁・落丁本の場合は、左記宛にご送付下さい。
送料小社負担でお取り替えいたします。
ご注文・お問い合わせも左記へお願いします。
〒三三一-八五〇七　さいたま市北区櫛引町二-六〇四
筑摩書房サービスセンター　電話〇四八-六五一-〇〇五三